ENCYCLOPÉDIE-RORET

FABRICATION

DES ENCRES

AVIS.

Le mérite des ouvrages de l'*Encyclopédie-Roret* leur a valu les honneurs de la traduction, de l'imitation et de la *contrefaçon*. Pour distinguer ce volume, il porte la signature de l'Éditeur, qui se réserve le droit de le faire traduire dans toutes les langues, et de poursuivre, en vertu des lois, décrets et traités internationaux, toutes contrefaçons et toutes traductions faites au mépris de ses droits.

Le dépôt légal de ce Manuel a été fait dans le cours du mois de septembre 1855, et toutes les formalités prescrites par les traités ont été remplies dans les divers États avec lesquels la France a conclu des conventions littéraires.

MANUELS-RORET.

—

NOUVEAU MANUEL COMPLET

DE LA FABRICATION

DES ENCRES

TELLES QUE

ENCRES A ÉCRIRE, DE CHINE, DE COULEUR, A MAR-
QUER LE LINGE, D'IMPRESSION TYPOGRAPHIQUE
ET LITHOGRAPHIQUE, DE SYMPATHIE, ETC., ETC.

PAR

MM. DE CHAMPOUR ET F. MALEPEYRE.

<hr>

PARIS,

A LA LIBRAIRIE ENCYCLOPÉDIQUE DE RORET
RUE HAUTEFEUILLE, 12.

1856.

NOUVEAU MANUEL COMPLET

DE LA FABRICATION

DES ENCRES.

L'encre est devenue d'une nécessité tellement absolue depuis l'invention des signes à l'aide desquels nous représentons nos pensées, et qui nous permettent de les communiquer à des distances éloignées, sans rien perdre pour cela de leur énergie, qu'il n'est pas indifférent, pour la plus grande partie des hommes, d'en connaître la nature et la composition, et de pouvoir en fabriquer, soit que la nécessité ou leur genre d'industrie les contraigne à le faire, soit qu'ils regardent cette occupation comme un simple amusement. C'est sous ces deux points de vue que nous avons réuni dans le présent *Manuel*, tout ce que les meilleurs auteurs ont enseigné sur cette matière, et ce que des essais multipliés nous ont fait reconnaître comme devant mériter quelque confiance. Si ce petit traité est accueilli favorablement, et devient de quelqu'utilité au public, nous nous féliciterons de l'avoir publié. Si, au contraire, il ne peut remplir le but que nous nous sommes proposé, il aura au moins fait naître à quelqu'autre personne plus exercée et plus instruite, l'idée d'en composer un méilleur sur cette matière.

CHAPITRE PREMIER.

—

L'encre dont nous nous servons pour écrire est d'un usage si ancien, qu'on peut en faire remonter l'invention en France jusqu'aux premiers temps de la monarchie. Avant ce temps, les Gaulois, subjugués par les Romains, avaient déjà abandonné leurs coutumes barbares pour adopter celles de leurs vainqueurs. Leurs mœurs changèrent alors peu-à-peu ; ils eurent des lois écrites qu'ils empruntèrent de leurs maîtres ; et lorsque, fatigués d'un joug qu'ils ne supportaient qu'avec peine, ils eurent reconquis leur liberté, et formé un corps de nation sous un chef de leur choix, les arts commençaient déjà à paraître au milieu de ce peuple guerrier, destiné à surpasser un jour tous ceux qui l'avaient précédé dans la civilisation.

Leurs premiers caractères furent tracés d'abord sur des peaux mal préparées : leur encre n'était encore qu'une composition grossière et peu durable. Tout se ressentait de l'ignorance où ce peuple était plongé ; le goût des armes avait arrêté le progrès des arts.

Peu-à-peu ce goût diminua. Quelques hommes s'adonnèrent à l'étude. La France, sous la première dynastie de ses rois, devint l'asyle des sciences sans cesser d'être guerrière ; enfin, l'usage de l'écriture, connu seulement de quelques personnages instruits pour ces temps barbares, se propagea successivement, se lia intimement au commerce de la vie et devint bientôt d'une nécessité si absolue, qu'actuellement, même parmi le peuple, il y a une sorte de honte attachée à l'ignorance de cet art.

L'encre dont nous faisons usage aujourd'hui pour l'écriture, et dont la composition paraît fixée d'une manière à *peu près invariable, était considérée autrefois comme une dissolution de fer opérée par le moyen d'un acide auquel ce métal a été intimement uni, et qui se trouve revivifié par l'action d'un alkali qui lui fait recouvrer sa noirceur naturelle.* Cette définition qu'on a appliquée à toutes les méthodes alors en usage pour faire l'encre noire, n'est pas fort exacte, et nous verrons dans le cours de ce Manuel comment on peut concevoir une idée plus nette de la théorie de cette formation.

Les procédés pour préparer un fluide propre à l'écriture varient d'une infinité de manières, soit par la nature ou la quantité des ingrédiens qui entrent dans la composition de cette liqueur, soit par leur mélange et par leur préparation ; et c'est souvent aussi du degré d'attention et de soin que l'on apporte dans le choix, les doses et la manipulation des matières, que provient la bonne ou mauvaise qualité de l'encre dont nous faisons usage. Il est donc indispensable, quand on veut la composer soi-même, d'avoir sous les yeux des recettes exactes et éprouvées ; et pour atteindre utilement ce but, nous offrirons aux lecteurs celles dont nous sommes redevables aux meilleurs auteurs, ou qui ont été confirmées par une longue expérience, mais nous croyons aussi devoir y ajouter beaucoup d'autres recettes qui sans avoir été adoptées présentent cependant des combinaisons avantageuses et dont on pourrait faire des applications utiles dans certains cas.

On fait de diverses sortes d'encres à écrire, et de différentes couleurs ; la noire est celle dont nous nous servons le plus communément. Les matières qu'on employe pour obtenir cette dernière, sont :

> La noix de galle,
> Le sulfate de fer,
> La gomme arabique,
> L'eau de rivière.

Occupons-nous d'abord des moyens pour reconnaître la bonne qualité de ces ingrédients fondamentaux.

Noix de Galle.

La noix de galle est une excroissance qu'on recueille sur plusieurs espèces de chêne, et qui provient de la piqûre d'un insecte. Cette substance qui renferme de 35 à 40 pour

100 de tannin et un peu d'acide gallique, est une des plus astringentes qu'on connaisse.

Les noix de galle d'Alep qui sont les plus recherchées, sont arrondies, ont un diamètre qui varie de un à deux centimètres, présentent plusieurs tubercules à leur surface et une espèce de pédoncule qui les tenait attachées à l'arbre. Celles dites *en sorte*, sont un mélange de *galles noires*, de *galles vertes* et de *galles blanches*. Les premières sont les plus estimées ; elles sont petites, très denses et très raboteuses. Les galles blanches sont les plus grosses et les moins denses ; les tubercules qui les recouvrent sont aussi nombreux mais moins apparents et plus écartés que ceux de la galle noire. Elles sont moins estimées que les précédentes. Les galles vertes ont un aspect et des qualités intermédiaires aux espèces précédentes. Les galles d'Alep arrivent en balles de crin du poids de 140 à 150 kil.

Les galles de Smyrne sont comparables aux galles d'Alep, mais inférieures en qualité ; leur couleur est moins vive et leur surface moins raboteuse. Celles d'Istrie ont un diamètre qui dépasse rarement un centimètre, elles sont arrondies, alongées en forme de poire. Elles n'offrent pas de tubercules bien sensibles et ont leur surface très ridée. Leur couleur varie du blanchâtre au brun, mais elles sont généralement verdâtres. Les galles de Morée sont très petites et peu denses. Leur surface a rarement une couleur uniforme qui est généralement brune. Les galles Marmorines sont petites et alongées d'un côté avec tubercules sensibles quoique peu saillants. Enfin les galles de France sont légères, rondes, un peu plissées, sans tubercules, environ d'un centimètre et demi, de couleur jaune-verdâtre ou grisâtre.

Sulfate de fer.

L'acide sulfurique se combine avec les deux oxides du fer et forme un sulfate de protoxyde et un sulfate de sesquioxide. On emploie ordinairement le sulfate de protoxyde à la fabrication de l'encre, mais dans les réactions qui s'opèrent pendant cette fabrication le protoxyde paraît se transformer en sesquioxyde pour former, comme nous le verrons plus tard, un tannate de sesquioxide.

Le sulfate de fer, (vitriol vert, couperose verte), est formé d'un équivalent d'acide sulfurique et d'un équivalent de protoxyde de fer. On le prépare dans l'industrie de bien des manières différentes, mais surtout en brûlant les pyrites de fer, ou les laissant s'échauffer en masse et lessivant les résidus, ou bien en combinant directement l'acide sulfurique avec le fer. Le sulfate de fer obtenu par ce dernier moyen cristallise en prismes rhomboïdaux; son poids spécifique est 1, 8399. Il se dissout dans deux parties d'eau froide, et dans les trois quarts de son poids d'eau chaude; la couleur est le vert clair qu'on porte jusqu'au vert bouteille, en ajoutant un peu d'infusion de noix de galle parce que cette teinte est recherchée dans le commerce. Sa saveur est âcre et styptique. Exposé à l'air il s'effleure, absorbe l'oxigène et se convertit en sulfate de sesquioxyde. Voici quelle est sa composition suivant Berzélius :

Acide sulfurique.	28,	90
Protoxyde de fer	25,	70
Eau	45,	40
	100,	»»

Le sulfate de sesquioxyde se prépare en traitant l'hydrate de sesquioxyde de fer par l'acide sulfurique, ou bien en traitant le sulfate de protoxyde par l'acide nitrique en y ajoutant de l'acide sulfurique. Le résidu est une masse rouge qui n'est qu'en partie soluble dans l'eau. La solution a une teinte jaune, une saveur forte et astringente. Cette liqueur étant évaporée à siccité, absorbe promptement l'humidité de l'air.

Le sulfate de fer pour être de bonne qualité, doit avoir une belle couleur verte tant en dehors qu'en dedans; les efflorescences de sesquioxyde dont il se recouvre souvent et dont on le préserve en le roulant dans la mélasse ou une eau gommeuse, le font souvent rejeter dans certaines industries, mais d'après ce qu'on sait aujourd'hui de la fabrication de l'encre ce ne peut pas être pour le fabricant de ce produit un titre d'exclusion, sauf à ajouter dans ses dissolutions un peu d'acide sulfurique pour saturer le sesquioxide libre.

Gomme arabique.

Les gommes sont des produits solides qui exsudent de différentes espèces de végétaux et qui jouissent de la propriété de donner de la viscosité à l'eau, soit en s'y dissolvant, soit en s'y développant simplement. Elles ont aussi pour caractère principal d'être insolubles dans l'alcool.

Les gommes paraissent des mélanges, en quantités très variables, des substances que les chimistes ont appelé *arabine, cerasine, bassorine, mucilage et fécule.*

Les gommes du commerce dont on fait le plus d'usage dans la fabrication de l'encre, sont celles d'acacia connues sous les noms de gomme arabique et de gomme sénégal.

La gomme arabique proprement dite est actuellement rare dans le commerce et découle des *acacia vera* et *arabica.* Nous n'entrerons pas dans plus de détails à son égard parce qu'elle est aujourd'hui d'un prix trop élevé pour qu'on puisse la faire entrer dans la fabrication de l'encre, et qu'on la remplace par la suivante que dans l'usage commun on confond avec elle et désigne sous le même nom.

La gomme sénégal découle principalement de *l'acacia sénégal.* Elle ressemble beaucoup à la gomme arabique et est en grande partie composée de morceaux ovoïdes ou arrondis dont le volume varie depuis celui d'une noisette jusqu'à celui d'un œuf. Ces morceaux sont souvent creux dans leur intérieur, et leur couleur varie depuis le roux très clair jusqu'au rouge-brun foncé. La densité des beaux morceaux de gomme sénégal est de 1,436.

Cette gomme arrive généralement en sacs de 50 à 60 kilog. Mais le plus souvent elle ne subit d'emballage que dans les ports de France, d'où on l'expédie en barriques de poids variables.

Dans le commerce on donne aussi le nom de gomme sénégal, et on confond avec elle des gommes qui proviennent de Galam, de Barbarie et de l'Inde.

La gomme de Galam ressemble à un mélange de gomme arabique et de gomme sénégal, mais paraît avoir une autre origine.

La gomme de Barbarie ressemble beaucoup à la gomme sénégal, mais elle est généralement moins belle, les morceaux en sont plus petits, jaunâtres et ternes.

La gomme de l'Inde possède l'aspect et toutes les propriétés de la gomme sénégal.

On trouve dans le commerce une très grande variété de gommes dont les prix sont aussi variables que les qualités. C'est au fabricant d'encre à apprendre à connaître ces qualités et à savoir appliquer chacune d'elles à la nature et à la sorte de produit qu'il veut fabriquer. Il est inutile à cet égard de donner des instructions, la pratique en apprend en peu de temps bien plus qu'on ne pourrait en enseigner par de longs développements.

ARTICLE PREMIER.

Formules des encres communes et usuelles.

Encres communes.

1° Prenez 9 décagrammes (3 onces) de noix de galle concassées, mettez-les dans 1 kilogramme environ (2 livres) d'eau chaude (l'eau de pluie est d'un bon emploi pour l'encre) exposez-la au soleil pendant plusieurs jours, et ajoutez-y ensuite 6 décagrammes (2 onces) de sulfate de fer, en remuant la liqueur avec un bâton, faites encore infuser au soleil; après quoi vous mettrez dans votre encre 3 décagrammes (1 once) de gomme arabique, ou bien celle de cerisier, et vous exposerez le tout encore un jour au soleil; vous lui donnerez ensuite un bouillon sur le feu, et vous passerez la colature dans un linge, en y ajoutant de l'eau si elle est trop épaisse, ou de la gomme si elle est trop claire.

2° Prenez un demi kilogramme (1 livre) de noix de galle, de gomme arabique et de baies de troëne bien mûres, 2 hectogrammes et demi (demi-livre) de chaque. Faites infuser le tout pendant huit jours dans deux litres et demi (3 pintes) d'eau commune, et faites évaporer ensuite environ le tiers de cette infusion. Otez du feu votre eau toute bouillante, et jettez-y un demi kilogramme (1 livre) de sulfate de fer. Remuez bien le tout et le laissez reposer pendant dix jours. Passez alors votre encre à travers un linge; elle aura acquis une belle couleur noire. On peut y mettre encore quelques écorces de grenade, ou entières, ou par morceaux, mais nullement en poudre. Si cette encre s'épaissit trop par la suite, on pourra y mettre un peu de vinaigre, qui la fera couler plus aisément.

3° Quelques personnes font infuser pendant vingt-quatre heures des écorces de grenade dans de l'eau de pluie, la font ensuite bouillir jusqu'à diminution du tiers, et mettent ensuite sur chaque demi-kilogramme de cette décoction, 6 décagrammes (2 onces) de sulfate de fer, et 15 grammes (demi-once) de gomme arabique broyée ; elles incorporent le tout sur le feu, passent ensuite la liqueur, et la gardent pour l'usage.

4° D'autres font de l'encre à meilleur marché en employant la teinture de sumac dont les corroyeurs se servent pour noircir le cuir. Elles y mettent une certaine quantité de noix de galle, de sulfate de fer et de gomme arabique, et font bouillir le tout pendant quelques instants. Cette eau des corroyeurs se fait avec de l'eau commune ou de pluie, dans laquelle on fait bouillir des calices de glands de chêne et du sumac.

5° On fait encore de l'encre ordinaire de cette manière : On concasse de la noix de galle, et on la fait rôtir dans une poêle de fer avec un peu d'huile d'olive. On met un demi kilogramme (1 livre) de noix de galle ainsi préparée, dans un vaisseau de terre vernissé ; on verse dessus du vin blanc jusqu'à ce qu'il couvre de quatre doigts au moins la noix de galle ; puis on y ajoute deux hectogrammes et demi (demi-livre) de gomme arabique réduite en poudre, avec autant de sulfate de fer aussi en poudre. On met le tout au soleil pendant quelques jours, ayant soin de remuer avec un bâton de temps en temps. Ensuite on fait bouillir cette infusion à petit feu ; on passe l'encre et on la garde. On peut reverser du vin sur le marc, faire encore bouillir cette nouvelle liqueur et la passer par un linge pour l'usage. On continue ainsi de remettre du vin, jusqu'à ce qu'il ne se charge plus de teinture.

Voici quelques autres méthodes de faire l'encre commune.

6° Prenez 9 décagrammes (3 onces) de noix de galle, d'écorces nouvelles d'orme ou de frêne sauvage et d'écorces sèches de grenade, parties égales ; faites infuser dans 1 kilogramme (2 livres environ) de vin blanc, exposant le tout au soleil pendant six jours, et le remuant souvent. Ensuite ajoutez-y 6 décagrammes (2 onces) de gomme arabique, et moitié de sulfate de fer. Laissez le tout infuser encore pendant quatre jours, décantez l'encre en la passant par un linge et gardez-la pour l'usage.

7° Prenez 9 décagrammes (3 onces) de noix de galle, une poignée d'écorces de frêne, deux fois autant de baies de sureau ou de yèble bien mûres, et 1 kilogramme environ (2 livres) de vin blanc. Mettez le tout sur un petit feu, et passez ensuite à travers un linge. Remettez la colature sur le feu, faites chauffer, et jettez-y de la gomme arabique et du sulfate de fer, 6 décagrammes (2 onces) de chaque, et remuez avec un bâton. Laissez reposer la liqueur pendant quatre jours dans un vaisseau bien couvert; passez ensuite votre encre, et vous en servez.

8° Prenez 2 hectogrammes et demi (demi livre) de bois d'Inde coupé en menus morceaux, et les faites bouillir dans un litre et demi de vinaigre jusqu'à diminution de la moitié. Retirez ensuite le bois, et ajoutez à la liqueur 12 décagrammes (4 onces) de noix de galle concassées. Mettez le tout dans une bouteille forte que vous exposerez au soleil pendant trois ou quatre jours, en remuant souvent ce mélange. Mettez-y ensuite la solution de 6 décagrammes (2 onces) de sulfate de fer, et celle de 8 décagrammes (2 onces et demie environ) de gomme arabique, ladite solution faite dans une suffisante quantité d'eau ou de vinaigre, faites infuser le tout pendant huit jours au soleil, ayant soin d'agiter souvent le vase, et passez ensuite la liqueur. Si vous voulez rendre cette encre luisante, il faudra vous servir de décoction de bois d'Inde pour dissoudre le sulfate de fer et la gomme arabique, et ajouter une poignée d'écorces de grenade dans la bouteille avec la noix de galle. Si, au lieu de faire infuser cette encre au soleil, vous la faites bouillir, elle sera faite en un quart d'heure, mais elle ne sera pas si bonne, et elle deviendra bourbeuse.

Encre de Lémery.

Prenez 3 kilogrammes environ (6 livres) d'eau de pluie, un demi kilogramme (16 onces) de noix de galle concassées, et faites les bouillir à petit feu dans cette eau jusqu'à réduction des deux tiers, ce qui formera une forte décoction jaunâtre dans laquelle les noix de galle ne surnageront plus. Jettez-y 6 décagrammes (2 onces) de gomme arabique pulvérisée, que vous aurez fait dissoudre auparavant dans du vinaigre en quantité suffisante. Mettez ensuite dans la décoction 2 hectogrammes et demi environ (demi livre) de sulfate de fer; donnez encore à votre décoction devenue noire, quelques légers bouillons; laissez la reposer; enfin, versez la doucement et par inclinaison dans un autre vaisseau pour votre usage.

Cette encre, en suivant exactement la proportion des doses, est très bonne, et noircit encore en séchant. Il faut avoir soin, pour la conserver sans moisissure ni champignons, de tenir toujours les bouteilles hermétiquement fermées.

Encre de Geoffroy.

Prenez 2 kilogrammes environ (4 livres) d'eau de rivière; 1 kilogramme (2 livres) de vin blanc, et 9 décagrammes (6 onces) de noix de galle d'Alep pilées; macérez le tout pendant vingt-quatre heures, en remuant de temps en temps votre infusion. Faites la bouillir ensuite pendant une demi-heure, en l'écumant avec un petit bâton fourchu, élargi par le bas. Retirez le vaisseau du feu. Ajoutez à votre décoction 6 décagrammes environ (2 onces) de gomme arabique, 2 hectogrammes et demi (8 onces) de sulfate de fer, et 9 décagrammes (3 onces) de sulfate d'alumine. Digérez de nouveau pendant vingt-quatre heures. Donnez ensuite quelques bouillons; enfin, passez la décoction au travers d'un linge pour la garder dans des vaisseaux bien bouchés.

Cette encre, comme la précédente, est d'un beau noir solide, et acquiert du lustre en séchant.

Encre de Ribaucourt.

Prenez 2 hectogrammes et demi environ (8 onces) de galle d'Alep en poudre grossière, 12 décagrammes (4 onces) de bois de Campêche en menus morceaux , autant de sulfate de fer, 9 décagrammes (3 onces) de gomme arabique en poudre, 30 grammes (1 once) de sulfate de cuivre, et autant de sucre cristallisé. Faites bouillir les noix de galle et le bois de Campêche ensemble dans 5 kilogrammes et demi environ (12 livres) d'eau, pendant une heure, ou jusqu'à ce que la moitié du liquide soit évaporée. Passez la décoction dans un tamis de crin , et ajoutez-y les autres ingrédients. Remuez cette mixtion jusqu'à ce que le tout soit dissous, et surtout la gomme, et laissez-la reposer pendant vingt-quatre heures. Décantez ensuite l'encre, et conservez-la dans des bouteilles de verre ou de grès exactement bouchées.

Cette méthode de faire l'encre peut être regardée comme une des meilleures.

Autre formule.

Prenez 91 grammes (3 onces) de noix de galle concassées, 30 grammes (1 once) de bois d'Inde, et un kilogramme et demi d'eau de rivière. Faites bouillir le tout pendant un bon quart d'heure. Passez ensuite la décoction, et versez-la toute bouillante dans un vase au fond duquel vous aurez mis un nouet renfermant 30 grammes (1 once) de sulfate de fer, et autant de gomme arabique en poudre. Agitez le tout pendant un demi-quart d'heure. Il faut laisser le nouet dans cette encre pendant plusieurs jours, et verser ensuite l'encre dans une bouteille que l'on tiendra bien bouchée.

Cette encre, lorsqu'on s'en sert, ne paraît pas d'abord très noire ; mais à mesure qu'elle sèche, elle noircit sensiblement et finit par avoir la nuance qui convient.

Encre par infusion.

Première formule :

Prenez 2 hectogrammes et demi (8 onces) de vin blanc, 3 décagrammes (1 once) de noix de galle rompues en trois ou quatre morceaux que vous mettrez infuser dans le vin blanc pendant un jour et une nuit. Vous ôterez ensuite les noix de galle, et vous y substituerez quarante-cinq grammes (1 once et demi) de sulfate de fer pilé. Vous laisserez le tout infuser au soleil pendant plusieurs jours ; et si l'encre après cette nouvelle infusion, ne se trouvait pas assez noire, vous ajouterez une nouvelle dose de sulfate de fer proportionnée au degré de noirceur que vous voudrez donner à votre encre. Si vous voulez la rendre luisante, vous y ajouterez du sucre cristallisé et une plus forte dose de gomme.

Cette encre a, sur les autres, l'avantage de durer plus longtemps, en ce qu'elle donne la facilité d'en rétablir la même quantité à mesure qu'elle s'épuise, par l'addition d'un peu d'eau ou de vin blanc que l'on verse sur le marc ; ce que l'on peut répéter jusqu'à ce que l'encre commence à perdre un peu de sa force.

Encre par infusion.

2ᵉ Formule :

Prenez 2 kilogrammes environ (4 livres) d'eau de citerne ou de rivière, dans laquelle vous mettrez 12 décagrammes

(4 onces) de noix de galle concassées. Vous y mettrez aussi 9 décagrammes (3 onces) de gomme arabique, 12 décagrammes (4 onces) de sulfate de fer bien pilé et pulvérisé. Vous laisserez le tout infuser de nuit à l'air et le jour au soleil pendant dix-huit jours, en remuant bien le vaisseau chaque jour. Si vous vous apercevez que l'encre devienne un peu trop épaisse, vous y mettrez un peu de vinaigre. Retirez-la du soleil et vous en servez.

Cette encre offre la même ressource que la précédente relativement à sa durée.

Autre encre par infusion.

3e Formule :

Prenez et concassez 2 hectogrammes et demi (demi-livre) des meilleures noix de galle ; 6 décagrammes (2 onces) de sulfate de fer ; ajoutez-y six feuilles de laurier rose. Mettez le tout infuser dans une bouteille de grès avec un litre et demi d'eau de rivière, à une chaleur douce auprès du feu. Remuez de temps en temps la bouteille, et lorsque l'infusion sera faite, vous tiendrez votre bouteille à la cave pour vous en servir au besoin.

Encre de Proust.

Proust s'est livré à des recherches très intéressantes sur ce sujet, dont on a profité pour préparer la recette suivante :

Noix de galle concassée	125 gram.
Sulfate de fer calciné au blanc . . .	75
Gomme arabique en poudre . . .	55
Eau.	2 litres.

On fait infuser à froid, pendant un jour, la noix de galle dans l'eau ; on y ajoute ensuite le sulfate de fer et la gomme arabique, et l'on conserve cette encre dans un vase vernissé bien bouché.

Cette recette est très simple : on y remarque que le sulfate de fer doit être calciné, parce qu'on a pensé qu'en cet état il produit une encre beaucoup plus noire ; mais le fait ne paraît pas démontré et dans tous les cas l'encre dépose beaucoup.

Encre de Chaptal.

Cette encre se prépare en grand de la manière suivante :
1° Noix de galle vertes en poudre , 2 parties.

Copeaux de bois de Campêche, un tiers en poids de la quantité de noix de galle.

On fait bouillir les deux substances pendant deux heures dans vingt-cinq fois leur poids d'eau, en ayant soin de la remplacer au fur et à mesure qu'elle s'évapore ;

2° On sature de l'eau tiède avec de la gomme arabique concassée ;

3° On fait une dissolution de sulfate de fer calciné marquant de 14 à 15 degrés à l'aréomètre pour peser les solutions salines ou pèse-sels, et contenant un troisième en poids de sulfate de cuivre relativement à la quantité de noix de galle.

Tout étant ainsi préparé, on mêle ensemble :

Décoction de noix de galle et de campêche.   6 mesures.
Eau gommée. 4
Solution de sulfate de fer. 4
On agite la liqueur.

Encre de Haldat.

Haldat a proposé une théorie de la fabrication de l'encre qui n'est plus admissible et que nous nous dispenserons par conséquent de reproduire ici ; nous dirons seulement qu'aujourd'hui on a constaté qu'il n'existe qu'une très faible quantité d'acide gallique dans les infusions de noix de galle, circonstance qui fait déjà présumer que l'encre n'est pas un gallate de fer, quoique ce sel puisse en faire partie ; mais en outre le gallate de fer se décompose rapidement quand on porte la liqueur à l'ébullition, et par conséquent il ne doit pas en rester de quantité sensible dans la fabrication de l'encre.

D'un autre côté on a reconnu que le tannin dont il existe 35 à 40 pour 100 dans la noix de galle se comportait vis-à-vis les bases comme un véritable acide auquel on a cru devoir donner le nom d'acide tannique ; et enfin que cet acide en se combinant au peroxyde de fer forme un tannate de peroxyde de fer ou pertannate de fer qui est à proprement parler la base de l'encre à écrire.

Quoi qu'il en soit voici la recette proposée par Haldat, pour faire une encre qu'il dit inaltérable.

Nous donnerons les proportions suivant Ribaucourt, Haldat ayant cru suffisant d'indiquer les matières seulement :

Noix de galle. . . . . 250 gram. (8 onces).
Bois de Fernambouc. . . 125 . . (4 onces).
Eau. . . . . 6 litres. (12 livres).
Sulfate de fer. . . . . 125 gram. (4 onces).
Gomme arabique. . . . 90 . (3 onces).
Indigo pulvérisé.
Noir de fumée
Eau-de-vie *
Sucre. . . . . 32 gram. (1 once).

On fait une décoction très chargée de bois de Fernambouc et de noix de galle ; on la verse sur le sulfate de fer, la gomme et le sucre, et l'on ajoute ensuite le noir de fumée et l'indigo délayés dans l'eau-de-vie ; puis on passe par un linge.

L'indigo et le noir de fumée doivent entrer dans cette composition en quantité telle, que l'encre conserve encore toute la fluidité qui lui est nécessaire ; quant à l'esprit-de-vin, sa trop grande quantité décolorerait l'encre, et ferait percer le papier.

Encre inaltérable de Van Mons.

Van Mons, professeur de Chimie à Bruxelles, a indiqué le procédé suivant pour fabriquer l'encre inaltérable. On fait infuser pendant 2 ou 3 jours les noix de galle concassées dans du vinaigre de bière ordinaire. L'infusion est ensuite passée sur un filtre de laine, la liqueur décantée et le résidu lavé et infusé dans de l'eau froide. Cette dernière infusion est mêlée avec la précédente, et le tout est chauffé un instant, puis mis à reposer pendant vingt-quatre heures; alors on filtre de nouveau, et on ajoute du sucre et de la gomme. Lorsque ces ingrédiens sont dissous, on passe une dernière fois sur le filtre. L'encre est ensuite mêlée avec l'oxide ou sulfate rouge; mais on ne doit pas se servir de sulfate acidulé ou oxidulé. On agite le tout, et on met l'encre dans une bouteille de grès qu'on bouche avec un bouchon de papier.

---

* Nous rappellerons qu'un des caractères principaux des gommes est d'être insolubles dans l'alcool, et par conséquent que c'est aller contre le but qu'on se propose, que d'introduire dans cette formule de l'eau-de-vie qui doit nécessairement précipiter la gomme arabique.

Ainsi préparée, cette encre ne s'altère jamais et n'épaissit point.

Encres de Reid.

L'auteur indique quatre recettes pour faire de l'encre : la première, sans emploi de bois de Campêche ; la seconde, en y ajoutant une décoction fraîche de noix de galle ; la troisième consiste à convertir le tannin en acide gallique et à l'exposer à l'air pendant dix jours, en remuant la liqueur tous les jours deux ou trois fois, pendant quelques minutes ; la quatrième, à employer la décoction de noix de galle, comme il vient d'être dit.

Première recette. — On fait bouillir une livre de noix de galle concassée dans trois *pintes* (1 litre 119) d'eau jusqu'à réduction au quart ; on décante, on ajoute pareille quantité d'eau et on fait bouillir de nouveau jusqu'à réduction au tiers ou au quart, on réunit les deux décoctions et on y fait dissoudre 3 onces 64 grains (98 grammes) de sulfate de fer et le même poids de gomme : après avoir laissé reposer pendant vingt-quatre heures, on décante et on conserve dans des bouteilles de verre ou de terre bien bouchées.

Deuxième recette. — Dans cette préparation, on emploie une partie et demie de bois de Campêche pour trois parties de noix de galle dont la décoction doit être employée aussitôt que préparée.

Troisième recette. On fait bouillir une livre et demie de bois de Campêche dans 5 *quarts* (4 litre, 730) d'eau jusqu'à réduction à 7 *pintes* (3 litres, 312); on y ajoute une décoction d'une livre de noix de galle convertie en acide gallique, et une dissolution d'une livre et demie de sulfate de fer et de quantité égale de gomme. On laisse reposer pendant deux ou trois jours; on décante et on conserve dans des bouteilles.

Quatrième recette. — A un *quart* (0 litre, 946) de décoction de noix de galle préparée comme ci-dessus et exposée à l'air pendant dix jours, on ajoute 3 *pintes* 1/2 (1 lit., 655) d'eau, et on fait dissoudre dans le mélange neuf onces (279 grammes, 720) de sulfate de fer et pareille quantité de gomme.

Encre de bureau de Hunt.

Mêlez ensemble, savoir :

Noix de galle.	4 kil.	8 livres.
Bois de Campêche.	2	4
Gomme arabique.	15	3
Couperose.	2	4
Bleu de vitriol.	0,5	1
Sucre candi.	0,5	1
Ammoniaque.	0,065	2 onces.
Eau distillée.	8 litres	16 pintes.
Eau-de-vie.	0,25	1½2

Encre de M. Payen.

Noix de galle concassées.	15 kilog.
Sulfate de fer.	10
Gomme de Sénégal.	20
Eau de rivière.	200

On met dans une chaudière cylindrique en cuivre, d'une profondeur égale à son diamètre, la noix de galle avec environ 150 kilogrammes d'eau. On recouvre la chaudière d'un couvercle; l'on chauffe la liqueur jusqu'à l'ébullition, et on la soutient à cette température pendant environ trois heures, en remplaçant par de l'eau bouillante celle qui se réduit en vapeur. On soutire ensuite la liqueur; on la laisse déposer; on tire au clair, et l'on fait égoutter le marc sur un filtre. D'un autre côté, on fait dissoudre la gomme dans une petite quantité d'eau tiède; on délaie ensuite le mucilage dans la décoction de noix de galle.

D'autre part, on fait dissoudre séparément, dans le restant de l'eau, le sulfate de fer, on le verse dans la décoction gommeuse de noix de galle, et l'on agite fortement ce mélange. La liqueur prend aussitôt une couleur brune, qui augmente d'intensité lorsqu'on la tient dans des tonneaux placés verticalement et un côté défoncé. En agitant l'encre de ces tonneaux avec une spatule, l'oxygène de l'air, en réagissant sur elle, la fait passer au noir.

Il vaut mieux obtenir une encre pâle, qui se fonce sur le papier, qu'une encre trop noire, parce que celle-ci serait moins fluide. On doit donc de temps en temps essayer l'encre, et dès qu'elle a acquis la couleur convenable ou couvre le tonneau, on la laisse déposer, on la soutire et on la met en bouteilles de grès, bien bouchées et cachetées.

Ces proportions constituent ce que les fabricants appellent *encre double*; en mettant une quantité double d'eau, ils préparent *l'encre simple*. Ils préparent aussi cette dernière en faisant bouillir, pendant très longtemps, le marc de noix de galle, y ajoutant du campêche, du sumac, du tan en poudre et d'un quart à demi-dose ordinaire de noix de galle, la dose ordinaire de protosulfate de fer, et les deux tiers des proportions indiquées de gomme arabique.

Il est des fabricants qui attendent que l'encre se soit couverte, dans les tonneaux, d'une moisissure avant de la soutirer : ils assurent qu'elle est alors plus claire est moins sujette à moisir : c'est une erreur. Nous nous sommes couvaincu que cette encre moisissait comme toutes les autres. Il en est d'autres qui, pour donner à leur encre une belle couleur noire avec une nuance violette, y mêlent un peu de carbonate de manganèse.

Encre de M. Chevallier.

Noix de galle noires concassées.   .   160   grammes.
On les fait infuser pendant 12 heures
dans eau bouillante.   .   .   .   1   kilg. 250   grammes.
Au bout de ce temps, on coule, et l'on
fait infuser le marc pendant 24 heures,
dans eau bouillante 300   grammes.
On passe avec expression, et l'on réunit les liqueurs; lorsqu'elles sont claires, on y ajoute :
Sulfate de fer calciné ou rouge.   .   .   40   grammes.
Gomme arabique amenée à l'état de
mucilage.   40   grammes.
On agite la liqueur, et au bout de vingt-quatre heures on la met en bouteilles.

Encre de Julia-Fontenelle.

Noix de galles vertes bien concassées   .   .   .   2 kilogr.
Bois de Brésil en copeaux   .   .   .   .   . 8 hectog.
Sulfate de fer calciné au blanc   .   .   .   . 1 kilogr.
Gomme arabique en poudre   .   .   .   .   . 9 hectog.
Noir de fumée 7
Sucre en poudre ou mélasse   2
Eau de rivière   30
Deutochlorure de mercure dissous dans l'alcool   8 gramm.

On fait infuser la noix de galle et le bois de Brésil dans l'eau pendant vingt-quatre heures, et on fait bouillir ensuite pendant une heure; on coule à travers un linge avec expression, et on laisse reposer la liqueur; quand elle est claire on la décante, et l'on en prend un litre qui sert à réduire la gomme en mucilage. D'autre part, on broie le noir de fumée bien fin avec ce mucilage, et, après qu'on a fait dissoudre le sulfate de fer et le sucre dans la décoction de noix de galle et de bois de Brésil, on y ajoute le sucre, le deutochlorure de mercure, et l'on y délaie le mélange de gomme et de noir de fumée. Si cette encre est trop noire, on peut y ajouter de l'eau. Par ce procédé, on doit en obtenir de 28 à 30 litres : cette encre revient à environ 55 centimes le litre.

Les encres dites de *grande et petite vertu*, *double ou simple*, sont les mêmes, plus ou moins étendues d'eau.

Encre noire fabriquée sur-le-champ.

On fait de l'encre sur-le-champ, ou du moins une couleur noire, par le mélange du sulfate de fer avec la teinture de noix de galle. Cette couleur noire provient de la prompte révivification du fer contenu dans ce vitriol ; et cela est si vrai que la noix de galle sans sulfate de fer, mais seulement jointe avec de la limaille de fer, donne une pareille teinture dès qu'elle a eu le temps de diviser ce fer qui est en limaille. Cette opération peut donner une idée exacte de la mécanique de l'encre, et éclaircir suffisamment la définition que nous en avons donnée plus haut.

Moyen de faire disparaître la couleur noire de l'encre.

Si, après que l'encre est faite, on y jette quelques gouttes d'acide sulfurique étendu d'eau, la couleur noire disparaît, parce que le fer qui se trouvait avoir repris sa noirceur naturelle par la qualité alcaline de la noix de galle, se réunit au nouvel acide et redevient sulfate de fer. C'est par cette raison que les acides effacent les taches d'encre.

Aux différentes méthodes que nous venons de donner pour faire l'encre ordinaire et celle par infusion, il ne sera pas inutile d'ajouter que l'encre noire la plus commune se fait avec différents végétaux, tels que le sumac, les roses, les glands, l'écorce d'aune et son fruit, etc., avec la rouille ou oxide de fer, ainsi que sa limaille, ou le nitrate de fer. Les produits végétaux indiqués ci-dessus peuvent remplacer la noix de galle.

Encre double.

Prenez deux hectogrammes (2 onces environ) de bonnes noix de galle des plus brunes; ajoutez-y douze à quinze décagrammes (4 ou 5 onces de sulfate de fer ; trente grammes (1 once) de sulfate d'alumine ; autant de gomme d'Arabie ou du Sénégal; quinze grammes (demi-once) d'inde fin, ou indigo en petits pains, avec trente grammes (1 once) de sucre blanc ou de sucre commun. Faites écraser le tout dans un mortier, le plus menu qu'il sera possible , et versez ces matières ensemble dans une bouteille d'environ un litre et demi. Versez ensuite dans la même bouteille deux kilogrammes (4 livres) d'eau froide de neige, ou, à son défaut, d'eau de pluie. Bouchez ensuite la bouteille , et la remuez sept à huit fois par jour pendant cinq à six jours, en la faisant infuser au soleil , ou pendant l'hiver à une chaleur modérée. Vous aurez alors une très bonne encre double qui ne sera point sujette à jaunir. Il faudra avoir soin de l'agiter chaque fois que vous voudrez en retirer pour votre usage.

Lorsque l'encre sera épuisée, vous pourrez remettre sur le marc la même quantité des différentes drogues et eau qui ont été indiquées ci-dessus, et vous aurez de l'encre d'un plus beau noir encore que la première ; mais cette encre ne devient très noire que le lendemain qu'on s'en est servi.

Encres de M. Ed. Knecht.

Les débitants d'encre à écrire se sont multipliés d'une manière prodigieuse. On en vend de toute espèce, de toute nuance : encre bleue fixe ou devenant noire, encre verte, devenant noire ou bronze, etc. Le public, qui aime généralement ce qui est nouveau, achète volontiers, surtout lorsque l'étiquette lui dit que cette encre est indélébile et qu'on ne peut pas falsifier l'écriture tracée avec le contenu du petit flacon.

Nous dirons deux mots de ces différentes combinaisons. Lorsqu'il ne s'agira que d'écrire le compte de la cuisinière, de la blanchisseuse, ou une foule de pages fugitives, on peut se servir de tout ce que l'on trouvera sous sa main; mais, pour des lettres que l'on désire voir conserver, des manuscrits, et surtout les actes et autres pièces durables, il est bon d'y regarder à deux fois avant de tremper la plume dans la première encre venue.

Si elle est mal composée, comme la plupart de celles qu'on vend à bon marché et qui ne contiennent qu'un peu de tannin, bois de l'Inde, sulfate de fer, etc., elle pâlira tellement au bout de quelque temps, qu'à peine y verra-t-on une faible trace jaunâtre, reste du sulfate de fer.

On pourrait au besoin faire revivre cette encre en baignant l'écrit pendant vingt-quatre heures dans une faible solution de noix de galle ; mais c'est une opération qui demande assez de soin et de pratique.

Quant aux encres de couleur telle que la bleue, aujourd'hui assez en vogue, c'est une composition de cyanure et protochlorure de fer avec une faible addition d'acide oxalique. Cette encre résiste aux acides, mais elle disparaît traitée par le chlore et les chlorures.

Cette encre attaque la plume de fer plus que les encres ordinaires. A la longue on risque de voir le papier s'altérer, percé. Elle agit comme le mordant sur certaines étoffes.

Pour composer une bonne encre *noire*, *durable*, *économique*, il faut de la noix de galle et de la bonne gomme arabique, deux articles toujours assez chers.

Il est très facile de la fabriquer soi-même pour être certain de l'avoir toujours bonne et fraîche, car l'encre se décompose aisément en vieillissant. La gomme arabique en se décomposant tombe au fond en formant la boue d'encre. Si les proportions du sulfate de fer et de la noix de galle ne sont pas observées, l'un combattra l'autre et l'encre, au lieu de rester noire, deviendra jaune et terne ; elle traversera le papier.

Nous indiquerons deux manières de la fabriquer : pour celui qui en consomme beaucoup et pour celui qui n'en use que rarement.

Le premier prendra 50 grammes de noix de galle blonde grossièrement écrasée. Il fera macérer ces 50 grammes pendant quatre à cinq jours dans un litre d'eau potable, puis il filtrera à travers un linge de calicot placé dans un entonnoir dont le bout entrera dans une bouteille de grès pouvant contenir un litre, comme celles de Vichy. Ce cruchon devra être percé tout en bas d'un trou fermé par une petite cannelle en bois.

On aura fait fondre dans un verre d'eau 10 grammes de gomme arabique en poudre, 15 grammes de sulfate de fer et 5 grammes d'alun de roche.

En ne versant que les quatre cinquièmes de la noix de galle et les 20 centigrammes contenus dans le verre, on obtiendra un litre d'excellente encre. On ne devra s'en servir qu'au bout de vingt-quatre heures et après l'avoir secouée une ou deux fois.

Il faut avoir soin de graisser avec du suif la petite cannelle.

On ne doit se servir que des encriers en verre ou en porcelaine. Toute espèce d'encriers en métaux décomposent l'encre en peu de temps.

Pour empêcher la noix de galle de moisir, ce qui altère la composition, il suffit de verser quelques gouttes d'huile d'olive dans le flacon.

On continue à laisser infuser les 50 grammes de noix de galle en y ajoutant la quantité d'eau saturée qu'on en aura retirée, et lorsque le flacon sera à peu près vide, on ajoutera seulement 50 grammes de noix de galle fraîche, puis la même quantité de gomme, sulfate et alun pour obtenir un deuxième litre d'encre.

Il sera inutile d'enlever l'huile, elle remonte en ajoutant de l'encre nouvelle.

Pour celui qui ne se sert que rarement ou peu d'encre, il faut réduire les mêmes quantités de noix de galle, gomme, sulfate et alun, en poudre impalpable, puis il les divisera en vingt petits paquets.

Lorsqu'il voudra faire de l'encre, il fera infuser, dans une tasse à café contenant de l'eau bouillante, un de ces petits paquets, en remuant avec un petit morceau de bois. Lorsque l'eau sera refroidie pour la verser dans un petit flacon, on pourra se servir de l'encre, elle noircira promptement.

On pourrait au besoin emporter un petit paquet en voyage, pour se faire de l'encre.

En écrivant avec de l'eau pure et en se servant ensuite de cette poudre comme du sable, l'écriture deviendra visible et noire.

En écrivant avec du lait écrémé, ou coupé avec un tiers d'eau, convenant d'avance que l'enveloppe sera brûlée, réduite en cendre, et qu'on frottera avec cette cendre la lettre, tout ce qui aura été tracé avec du lait deviendra noir et *indélébile*.

Encre luisante.

Première formule :

Prenez un litre de bierre, mettez-y infuser pendant un jour deux hectogrammes et demi (demi-livre) de noix de galle, les plus noires et les plus luisantes que vous pourrez trouver, que vous aurez soin de rompre en plusieurs morceaux; ajoutez-y encore neuf décagrammes (3 onces) de gomme arabique, et quinze grammes (demi-once) de sucre cristallisé. Faites bouillir lentement votre liqueur dans un pot de terre vernissé ; passez-la ensuite par un linge, et mettez-la à la cave pour vous en servir au besoin. Si cette encre ne vous paraissait pas encore assez luisante, vous pourriez augmenter la dose du sucre cristallisé.

Encre luisante.

Seconde formule :

Prenez deux hectogrammes (6 onces environ) de noix de galle concassées, autant de gomme arabique; quarante-cinq grammes (1 once et demi) de sulfate de fer; quinze grammes (4 gros) de sulfate d'alumine, et autant de sucre cristallisé et de bois de Brésil. Prenez cinq litres environ de grosse bierre rouge. Mettez-la avec toutes les drogues, excepté le sulfate de fer, dans un vaisseau de terre vernissé, et laissez infuser ce mélange pendant vingt-quatre heures, en l'agitant de temps en temps. Faites-le ensuite bouillir à petit feu, jusqu'à diminution du tiers. Passez ensuite la liqueur ; ajoutez-y le sulfate de fer réduit en poudre; laissez reposer pendant quelques jours au soleil, et mettez alors votre encre en bouteilles pour vous en servir.

Cette encre est très bonne et s'améliore en vieillissant.

Encre luisante.

Troisième formule :

Choisissez trente grammes (1 once) de belles noix de galle; autant de sulfate de fer, et autant de sucre cristallisé. Ajoutez-y quinze grammes (demi-once) de gomme arabique, et après avoir concassé le tout, faites-le infuser dans un demi-litre d'eau de rivière, soit au soleil ou dans un lieu chaud, jusqu'à ce que votre infusion ait acquis un beau noir luisant, ce qu'elle acquérera promptement si vous avez soin de remuer souvent le mélange pendant tout le temps que vous le laisserez infuser.

Encre double luisante.

Prenez un demi-kilogramme (1 livre) de bonnes noix de galle concassées ; mettez-les dans cinq litres de vin blanc ou de bierre, y ajoutant six décagrammes (2 onces) de sulfate d'alumine en poudre. Faites bouillir le tout dans un chaudron bien net, jusqu'à réduction de la moitié. Retirez ensuite cette décoction, et passez-la par un linge. Mettez-la chauffer dans une terrine de terre vernissée, sur un réchaud pendant l'espace de deux heures, sans la faire bouillir, et ayez soin de la remuer souvent avec un bâton, en y ajoutant trois décagrammes (1 once) de sucre cristallisé. Laissez ensuite refroidir, et mettez votre encre en bouteille.

Encre luisante ne moisissant pas.

Noix de galle.	500 grammes.
Essence de térébenthine. .	250
Sulfate de fer.	215
Eau de fontaine	4 litres.

On fait chauffer l'eau dans un vaisseau de terre vernissé neuf. On y verse ensuite l'essence de térébenthine et la noix de galle ; on laisse infuser le tout pendant huit jours ; au bout de ce temps, on la fait bouillir doucement jusqu'à ce qu'avec une plume on puisse faire un trait jaune et luisant, et qu'en touchant la liqueur et la promenant entre les doigts, elle paraisse un peu visqueuse et qu'on puisse cependant la passer à travers un linge fort. Cela fait, on la fait entrer en ébullition et on la retire aussitôt du feu pour y mettre le sulfate de fer ; on agite bien la liqueur, on la laisse reposer pendant deux jours ; on ôte alors une pellicule qui s'est formée à la surface ; on l'enlève ; on tire l'encre au clair dans un poëlon, on la fait bouillir à un feu doux pendant un quart-d'heure, et après quatre ou cinq jours de repos, on peut la mettre en bouteilles.

L'essence de térébenthine, dans la confection de cette encre, tend à la préserver de la moisissure ; mais il est à crain-

dre que l'odeur qu'elle répand pendant longtemps ne soit
pas agréable à tout le monde.

Encre perpétuelle.

Pour faire l'encre perpétuelle, prenez un litre et demi de
vin blanc, deux hectogrammes (6 onces environ) de sulfate
de fer, pareille quantité de sulfate d'alumine; un hectogramme (3 onces) de sucre cristallisé, et un kilogramme
et demi (3 livres) de noix de galle d'Alep les plus pesantes
et les moins trouées. Concassez les galles en trois ou quatre
morceaux; mettez le tout dans une bouteille dont le fond
soit large. Remuez ce mélange trois ou quatre fois le jour
pendant quatre ou cinq jours, sans le faire chauffer au feu ni
au soleil; serrez alors cette liqueur pour l'usage.

A mesure que vous prendrez de cette encre, il faudra
avoir le soin de mettre autant de vin dans la bouteille. Si
l'encre vient à s'affaiblir, vous pourrez y mettre un peu de
chacune des drogues qui entrent dans sa composition. Lorsqu'elle est trop blanche, ajoutez-y de la noix de galle ou du
sulfate de fer pour la rendre noire; si elle ne coule pas assez, vous y mettrez du sulfate d'alumine, et si elle coule trop,
vous y ajouterez de la gomme. Le sucre cristallisé la rendra
luisante.

Encre perpétuelle de Faucher.

Il s'agit d'une encre qui, mise dans une bouteille, devient
inépuisable par la faculté qu'on a de renouveler par de l'eau
ce qui en est retiré.

Une bouteille d'un litre se compose de :

	Grammes.
Noix de galle. . .	125
Gomme arabique. .	16
Alun de roche. . .	16
Sucre candi . . .	16
Couperose verte . .	62
Vitriol romain. . .	8

On met ces substances dans la bouteille; on la remplit
d'eau de rivière; on remue avec une baguette trois fois par
jour, et pendant une semaine, sans l'exposer ni au feu ni au
soleil. Chaque fois que l'on prend de l'encre, il faut remuer
la bouteille et remplacer par de l'eau l'encre épuisée.

Encre faite à froid.

Comme il y a de l'économie à opérer en grand, on prend un petit baril, dans lequel on introduit :

Sulfate de fer concassé. . . . . . 2 kilog.
Noix de galle en poudre grossière. . . 1
Gomme arabique en poudre. . . . . 60 gram.
Mélasse . . . . 1 verre.

Eau, suffisante quantité pour que le petit baril en soit rempli aux trois quarts ; on le bouche et on le fait rouler sur lui-même, chaque jour, pendant un quart-d'heure, durant une semaine, au bout de ce temps l'encre est bonne pour écrire.

Cette encre ne paraît pas réunir toutes les qualités requises ; il y a beaucoup trop de sulfate de fer, et pas assez de gomme arabique. Mais on peut modifier la formule.

Pierre à encre propre à faire des cornets pour écrire, sans y mettre d'encre.

Prenez un demi-kilogramme (1 livre) de gomme arabique, quatre hectogrammes (13 onces) de noir de fumée, et neuf décagrammes (3 onces) de charbon de saule. Faites dissoudre votre gomme, qui aura été auparavant réduite en poudre dans une suffisante quantité d'eau commune, que vous remuerez jusqu'à ce que la gomme soit bien dissoute. Vous pétrirez ensuite vos poudres avec une partie de votre eau gommée, c'est-à-dire avec ce qu'il en faudra pour faire votre pâte, gardant le surplus pour l'usage que nous indiquerons ci-après. Vous formerez avec cette pâte des encriers de telle manière que vous jugerez à propos, sur lesquels, votre matière étant molle encore, vous ferez plusieurs petits trous. Vous ferez ensuite sécher ces encriers dans un fourneau ardent pendant quatre heures, ou à l'ombre assez longtemps. Lorsqu'ils seront secs, vous prendrez de votre eau gommée, réservée ci-dessus, dans laquelle vous tremperez une plume ou un pinceau, et vous en enduirez vos encriers jusqu'à ce qu'ils aient acquis un noir très brillant.

Quand on veut se servir de ces encriers, on met quelques gouttes d'eau dans un des petits trous, et on y trempe sa plume. Si l'eau y est nouvellement mise, l'encre ne sera pas aussi noire ; mais si on l'a bien mêlée avec la plume, elle le deviendra autant que la plus belle encre liquide.

Poudre atramentaire ou encre sèche.

Prenez trois hectogrammes (10 onces) de noix de galle, neuf décagrammes (5 onces) de sulfate de fer, six décagrammes (2 onces) de sulfate d'alumine, et autant de gomme arabique. Mettez le tout en poudre très fine, avec laquelle en versant du vin blanc par dessus, vous ferez sur-le-champ une encre très bonne pour écrire.

Il y a une autre manière, qui n'est pas moins bonne que la précédente, pour faire une poudre atramenteuse propre à porter avec soi en voyage, et qui peut même servir à perfectionner l'encre commune trop claire ou trop blanche, en lui donnant sur l'heure même la consistance, la noirceur, le lustre et la beauté qui lui manqueraient.On dissout cette poudre pour en faire de l'encre dans toutes espèces de liqueurs, comme dans de l'eau, soit douce, soit salée, dans le vin ou le vinaigre, froid ou chaud, il n'importe pas ; mais il vaut mieux que la liqueur soit chaude. Cette poudre se fait de la manière suivante :

Prenez des noyaux de pêches, sans en ôter les amandes ; mettez-les dans le feu pour les réduire en charbons bien brûlés ; retirez-les, et lorsqu'ils seront bien refroidis et bien noirs, prenez-en une partie que vous mêlerez avec autant de noir de fumée des imprimeurs. Ajoutez-y deux parties de noix de galle concassées, frites dans l'huile et desséchées, quatre parties de gomme arabique ; le tout mis en poudre très fine et passée au tamis. On ne peut rien voir de plus noir que cette encre sèche, quand on la fait fondre dans de l'eau en suffisante quantité.

Encre de voyage.

On prend :

Noix de galle en poudre fine et bien tamisée.	16 parties
Sulfate de fer calciné au blanc et pulvérisé.	9
Gomme arabique en poudre.	15
Sucre candi en poudre.	5

On mélange toutes ces substances ensemble, et on les conserve dans une bouteille bien bouchée. Lorsqu'on veut faire de l'encre on en met environ 15 grammes dans une fiole qu'on remplit d'eau aux 2 tiers, et on l'agite pendant quelque temps. Si l'encre ne paraît pas assez noire on y ajoute un peu d'encre sèche. On doit laisser déposer l'encre avant de s'en servir, et la décanter au bout de vingt-quatre heures. Si on veut la préserver de la moisissure on y ajoute un peu de deutoxyde de mercure (précipité rouge), ou du deutochlorure de mercure (sublimé corrosif).

Encre en tablettes par M. Simon.

Pour un litre d'encre on prendra :

Sel de fer en poudre. . .	23 50 grammes.
Noix de galle en poudre. .	33 50
Sel de cuivre. . . .	1 60
Gomme arabique. . .	7 05
Sucre candi roux . . .	3 12
Alun en poudre . . .	3 33

On ajoute de l'eau pour humecter à froid ce mélange en poudre.

Quand on est arrivé à un état convenable d'adhérence, on met cette pâte dans des moules où on la laisse sécher; quand on veut s'en servir, on la casse en petits morceaux que l'on jette dans l'eau.

M. Simon indique aussi la composition suivante pour un litre d'encre :

Noix de galle d'Alep. . .	35 grammes.
Sel de fer. . . .	21
Sel de cuivre. . .	1
Alun. . . .	4
Sucre candi roux. . .	6
Gomme arabique. . .	10
Crême de tartre . .	1

On ajoute à ces poudres, bien mêlées, 4 centimètres cubes d'eau, et on jette en moule.

On voit que ces compositions se rapprochent beaucoup de la recette de l'encre liquide de Ribaucourt, mais qu'on n'y ajoute que l'eau nécessaire pour qu'elles restent en pot et puissent être séchées.

ARTICLE DEUXIÈME.

Formules d'encres dites indélébiles.

Jusqu'à présent nous avons donné les formules les plus usuelles pour la fabrication des encres; maintenant nous allons passer en revue une foule d'autres formules proposées plus récemment et qui produisent des fluides qu'on a décorés du nom d'encres indélébiles. Pour être convenablement édifiés sur cette prétention, nous aurons soin d'entrer dans quelques détails qui suffiront pour la faire apprécier. Quoiqu'il en soit, la plupart de ces formules fournissent de très beaux fluides, jouissant de propriétés remarquables. Mais aussi presque toutes donnent des encres d'un prix assez élevé, ce qui est un défaut assez grave pour un article dont on fait une consommation aussi étendue, mais est sans inconvénient quand il s'agit de la sécurité des transactions, du repos des familles et des bases de la société toute entière.

Encre indélébile au manganèse.

	Grammes.
Bois de Fernambouc en copeaux.	30
Alun.	15
Noix de galle concassées.	15
Peroxyde de manganèse en poudre très fine. .	30
Sucre.	30
Gomme arabique en poudre.	15
Eau.	500

On fait bouillir dans l'eau le bois de Fernambouc et la noix de galle jusque réduction de moitié, on passe à travers un linge, on y fait dissoudre l'alun, le sucre et la gomme, et on ajoute le manganèse en poudre et lavé à plusieurs eaux.

L'addition de l'alun doit donner une encre qui dépose, et on pourrait supprimer ce sel sans inconvénient. Il y a aussi dans cette recette une trop grande quantité de sucre qui la dispose à la moisissure ou à la fermentation lactique.

Encre indélébile de Cellier.

Noix de galle, 3 kil. (6 livres), nitrate de fer, avec excès d'acide, obtenu par la décomposition de sulfate de fer, 1 k. 120 (2 livres 4 onces) ; gomme arabique 1 k. 25 (2 livres et demie); charbon de matières animales, et par préférence celui obtenu des graisses, 180 grammes (6 onces); eau, 24 pintes.

On concasse des noix de galle ; on verse l'eau bouillante dessus, à la réserve de 3 litres dans lesquels on fait dissoudre la gomme ; on décante l'infusion de noix de galles; on la mêle à la dissolution de la gomme, et puis on ajoute le nitrate de fer ; on laisse reposer de nouveau; on tire au clair l'encre qui provient du mélange ci-dessus, et on y ajoute le charbon que l'on doit avoir eu soin de réduire en poudre impalpable. C'est de la grande division du charbon que dépendent et la fluidité et l'indestructibilité de l'encre.

Encre indélébile de S. Dumoulin.

Composition de cette encre indélébile :

Prenez un demi-kilogramme (une livre) de sous-carbonate de soude pur que vous faites dissoudre dans environ 5 litres (10 livres) d'eau bouillante ; ajoutez 120 grammes (4 onces) de résine pure ordinaire ; jetez ensuite dans cette dissolution d'eau bouillante des morceaux de cire pure, à mesure qu'ils se dissolvent, jusqu'à la quantité de 4 kilogrammes (8 livres). Remuez bien le tout ensemble, afin de faire dissoudre la cire et la résine.

Faites dissoudre de l'espèce de savon qui résulte des opérations précédentes, dans la proportion d'à peu près 60 grammes (2 onces) par litre d'eau bouillante ; filtrez ensuite.

Prenez 15 litres (30 livres) de cette dissolution de soude, cire et résine, faites-la bouillir et jetez dedans environ 1 kilogramme (2 livres) de résine-laque et 45 grammes (1 once et demie) de colle de poisson mêlée avec 30 grammes (1 once) d'hydrochlorate de soude.

La résine-laque se dissout très bien dans cette dissolution d'eau et de cire parce que la soude la pénètre ; souvent lorsque le savon n'est pas assez alcalin, j'ajoute quelques grammes de la même soude, afin de hâter cette dissolution, ou bien un sous-sel, tel que du sous-borate de soude.

Cette dissolution de soude, de cire, de résine ordinaire, de résine-laque, de colle de poisson et de muriate de soude, forme la base liquide de cette encre. Pour la rendre noire, on se sert de plusieurs espèces de charbon.

On prend par exemple, d'abord un demi-kilogramme (1 livre) de charbon obtenu avec de la vigne brûlée à l'air, ayant une teinte noire un peu grise ; on prend, en second lieu, 125 grammes (4 onces) de charbon animal fait avec de la laine ou de la gélatine et non avec des os ou de l'ivoire, parce que ce dernier noir est trop lourd à cause du phosphate de chaux qui reste dans la combustion. Ce charbon est noir foncé.

En troisième lieu on prend 45 grammes (1 once et demie) de charbon de sucre qui a la propriété d'être brillant ; on fait broyer le tout ensemble, afin de réduire ces charbons en poudre impalpable. En dernier lieu, on ajoute à cette poudre de l'indigo pulvérisé, pour donner à la composition un aspect bleuâtre.

On prend ensuite de cette poudre, qu'on fait délayer dans la dissolution ci-dessus indiquée, de manière à lui donner le noir qu'on désire. Quand la dissolution se trouve suffisamment chargée de couleur, on la décante et on obtient ainsi une encre qui ne forme qu'un très léger dépôt, et qui réunit toutes les qualités convenables.

On peut remplacer la colle de poisson et le muriate de soude par la même quantité de gomme arabique, et l'on obtient une encre qui présente les mêmes avantages que la précédente. La couleur noire dépend de la manière dont les substances ont été broyées ; l'encre est d'autant plus noire que la trituration est plus longue.

Un premier avantage, suivant l'inventeur, que présente cette encre sur l'encre ordinaire, c'est qu'elle ne peut, comme cette dernière, se détruire que par le temps ; en second lieu, à l'état liquide, elle est inaltérable à l'air ; un troisième avantage qu'elle offre est d'être inattaquable par les acides et surtout par le chlore (acide muriatique oxigéné) qui détruit entièrement l'encre ordinaire ; car sans altérer l'écriture cet acide enlève l'écriture de telle sorte qu'on peut écrire de nouveau sur l'endroit effacé.

L'acide nitrique concentré n'enlève aucunement l'écriture tracée avec la nouvelle encre.

L'acide sulfurique, étendu d'eau de manière à ne pas brûler le papier, n'a aucune action sur elle ainsi que sur l'encre d'imprimerie.

Cette encre est, ajoute-t-il, inattaquable par les alcalis, c'est-à-dire la potasse de soude et différens sels qui, eux-mêmes, enlèvent l'encre commune. Elle ne peut être attaquée par aucun liquide ou essence, de même que par l'eau froide ou l'eau bouillante, au moyen de laquelle plusieurs encres du genre de la mienne disparaissent à l'aide d'un léger frottement avec un pinceau.

Comme toutes les encres, celle dont on vient de voir la composition est sujette à un léger dépôt, puisque les corps qui entrent dans sa composition sont presque insolubles, sans cela elle serait attaquée ; elle a en outre la propriété d'être coulante.

Pour composer une encre moins coûteuse et qui pénètre davantage dans le papier que la précédente, on incorpore l'encre précédemment décrite avec l'encre ordinaire. On introduit de cette manière une plus forte dose d'oxide de fer. On se sert aussi de sulfate très calciné, afin de le purger d'acide, et obtenir de cette manière une encre qui, en séjournant sur le papier, devient de plus en plus inaltérable par l'oxidation des parties ferrugineuses dont le prix n'est pas plus élevé que celui de l'encre ordinaire, et qui résiste suffisamment à l'action des agents chimiques pour empêcher les altérations d'écriture. A la rigueur, quoiqu'on puisse enlever quelques traits faits avec cette encre, il en reste toujours assez pour dénoncer la fraude.

Encre indélébile de Delunel.

On s'occupe depuis longtemps du moyen de fabriquer une encre qui soit moins attaquable par le temps et par les diverses causes de destruction et qui, pour certaines écritures publiques ou privées, soit même en état de résister aux moyens employés pour enlever, par des agents quelconques, les caractères tracés sur les divers papiers.

M. Delunel pense avoir trouvé une composition capable de donner ce résultat, et en donne ci-après les détails.

On prendra :

Colle animale.	. . . . .	60 gram.
Fécule de pommes de terre.	.	60
Acide muriatique.	. . . .	15
Savon blanc.	. . . . .	75
Noir de fumée.	. . . . .	15
Suc de réglisse.	. . . .	4
Muriate de chaux.	. . . . .	4

Ces deux derniers corps triturés et parfaitement mêlés ensemble.

Quand un mélange parfait de ces ingrédients est obtenu (à l'exception du noir de fumée), faites bouillir dans une bassine de terre ou plutôt de fonte, jusqu'à épaississement convenable ; on ajoute alors le noir de fumée quand la masse est refroidie, et l'on délaie à froid deux gros de ce mélange dans une once d'eau pure.

Encre asphalite ou de sûreté de M. J.-J. Dizé.

Prenez : Encre d'imprimerie. . . . . 1 kilog.
        Sous-carbonate de soude cristallisé 1

Mettez ces deux substances dans une chaudière de fonte, avec 10 kilogr., d'eau pure, dont vous éleverez la température jusqu'à l'ébullition ; continuez en agitant le mélange jusqu'à ce qu'il ait acquis la consistance pâteuse et que la combinaison savonneuse qui en résulte soit terminée, ce que vous reconnaîtrez à l'homogénéité de la pâte ou au volume plus considérable qu'elle aura acquis.

Faites ensuite dissoudre dans une autre chaudière et dans 5 ou 6 kilogr. d'eau :

    Laque plate fondue. . . . . . 5 kilogr.
    Sous-carbonate de soude cristallisée. 375 grammes.

Lorsque cette dissolution sera terminée, faites-y fondre colle forte de Givet, 500 grammes, ensuite délayez, dans cette dissolution de gomme laque et de colle forte, l'encre d'imprimerie dans l'état savonneux ci-dessus, et procédez à l'évaporation de l'eau jusqu'à ce que le mélange ait acquis un état pâteux, tel qu'il puisse se manier sans adhérer aux mains et faciliter la confection de petits bâtons de la forme d'un parallélogramme rectangle, que vous exposerez à un courant d'air sec pour qu'ils acquièrent la fermeté nécessaire. Vous les envelopperez ensuite d'une feuille d'étain.

Cette encre a la propriété de résister à tous les agents chimiques qui détruisent entièrement les encres ordinaires ; elle offre, en outre, l'avantage de se transporter avec facilité pour être employée en tout lieu.

L'eau étant son seul dissolvant, l'addition soit d'encre ordinaire, soit d'acides, soit de toutes autres substances, la rend impraticable, ce qui met ceux qui en font usage à l'abri de tous les inconvénients qui résulteraient de toute altération, faite soit par inadvertance, soit par préméditation frauduleuse.

Encre indélébile de M. Payen.

Le procédé de M. Payen consiste à triturer avec la gomme arabique, dissoute dans peu d'eau, du noir de fumée très fin, lavé préalablement à l'alcool et desséché.

puis à employer ce mélange dans la préparation de l'encre ordinaire, en suivant, du reste, les procédés ordinaires.

Cette encre résiste à l'action du chlore, de l'acide oxalique, des alcalis caustiques, etc.

Cette préparation de M. Payen est, à peu de chose près, celle d'une des encres de la Chine dont nous donnons plus loin la recette, ajoutée à l'encre ordinaire.

Encre indélébile de Derheims.

Hydrochlorate d'ammoniaque (sel ammoniac).   8 gram.
Faites dissoudre dans de l'eau distillée. .   . 12
Ajoutez de la solution de gomme arabique
d'une consistance sirupeuse. 15
Encre ordinaire ou autre matière colorante, quelques gouttes.
Mêlez bien les deux liqueurs en agitant fortement.

L'écriture se sèche promptement ; elle est d'abord peu apparente, quoique cependant assez lisible. Si l'on chauffe le papier, en le tenant à une certaine distance d'un feu doux et incandescent, ou d'un fer rougi au feu, les caractères paraîtront immédiatement par la combustion, latente en quelque sorte, des points du papier sur lesquels on aura écrit avec la liqueur ; ce sont ces caractères qui résistent à toutes les actions chimiques.

La moindre apparition au feu de l'écriture faite avec notre composition, ajoute M. Derheims, suffit pour rendre celle-ci indestructible ; cela s'explique facilement par le choix qu'on a fait pour prédisposer le papier à la composition d'un des sels volatils à la chaleur, l'hydrochlorate d'ammoniac.

Quant à la gomme, elle a été ajoutée pour donner à la solution une consistance qui ne permettra pas de pénétrer dans l'épaisseur du papier ; les lettres sont donc véritablement incrustées jusqu'au centre de cette feuille, sur les deux surfaces de laquelle on peut facilement écrire.

Quant à l'encre ordinaire, elle n'est pour rien dans l'indébilité des caractères ; elle ne sert qu'à faire distinguer les caractères que l'on trace.

Encre indélébile et inaltérable, de Fesneau-Petibeau.

On prend noix de galle noire, 2 kil., (4 livres).

On les concasse et on les met infuser pendant 24 heures, dans 10 litres d'eau.

Quand cette première infusion est terminée, on remet encore 10 litres d'eau, on laisse infuser pendant le même temps et ensuite on tire au clair. La noix de galle est alors épuisée.

Faire bouillir 4 kil (8 livres), de bois d'Inde dans 46 litres d'eau, jusqu'à réduction à 40 litres; on fait dissoudre dans ce bain 1 kil., (2 livres) gomme arabique, et 2 kil., (4 livres) sulfate de fer, et on ajoute ensuite, en brassant bien, 60 grammes (2 onces) essence de lavande; laissez déposer et tirez au clair.

On prend de ce premier produit un litre :

Faire fondre dans suffisante quantité d'eau :

Gomme arabique.   .   .   .   .   .   . 1 once.
Sucre candi.   .   .   .   . 2 gros.
Alun.   .   .   .   . 2 id.

Quand tout est fondu, on se sert de ce mélange pour broyer parfaitement sur le marbre du charbon préparé, à la dose de 1 gramme par 108 grammes d'encre ci-dessus décrite.

Préparation du charbon.

On prend : Noir de fumée.   .   . 201 grammes.
Alun.   100

On fait bouillir ce mélange pour évaporer toute l'eau qu'on y a ajoutée, et, après évaporation, on laisse sécher.

L'encre composée de cette manière est très limpide, coule facilement dans la plume, et est inaltérable.

Il faut avoir l'attention avant de s'en servir de remuer la bouteille qui la contient, et il est plus commode de s'en servir en la tenant dans un encrier avec une éponge ou du coton.

Encre *indélébile* de N.-V.-M. Elia.

L'encre nouvelle, bleue d'abord, devient en quelques heures, d'un noir parfait; de plus, elle est limpide comme de l'eau de roche, et elle conserve cette limpidité tout le temps qu'elle séjourne dans l'encrier.

Enfin elle est indestructible, et présente cet avantage

inappréciable qu'on ne peut l'enlever, et, par suite, prévient les faux : elle se compose de :

Indigo. . . . . . 1 partie
Acide sulfurique . . . } 7
Acide hyposulfurique . .
Eau. 92
—————
100 parties.

Encre indélébile de J. Bagatta.

Composition.

Faire cuire ensemble :

Eau. . . . . . . 1 kil. 600
Noir de fumée . . 0 030
Potasse caustique. . 0 030

Filtrez, lavez le précipité et mêlez-le avec l'encre suivante :

Encre de Chine. . . 0 500
Noix de galle. . . 0 375
Garance. 0 068
Campêche 0 008
Sucre candi. . . . 0 068
Eau. . . . . . 6 litres.

Faites bouillir deux heures et ajoutez :

Sulfate de fer. . . 0 132
Gomme arabique. . 0 190
Sulfate d'indigo. . . 0 002

Donnez un bouillon, laissez refroidir et filtrez : ajoutez à l'encre finie une pincée de chlorure de sodium par litre.

Encre indélébile instantanée de M. Payen.

On frotte un bâton de bonne encre de la Chine, dans une soucoupe contenant de l'eau, et on mêle ensuite parties égales de cette encre de la chine liquide et d'encre ordinaire.

Cette encre est assez coulante, et inattaquable par le chlore et l'oxyde oxalique ; le frottement, même au pinceau, n'en a pas fait disparaître les caractères, elle n'est cependant pas d'un beau brillant, ni très noire ; mais, telle qu'elle est, elle est supérieure a beaucoup d'autres décorées des noms *d'encre double ; d'encre de petite vertu.*

Encre indélébile au bistre, de Mac Culloch.

M. Mac Culloch, considérant les inconvénients des encres ordinaires qui sont attaquées par les acides, et altérées

par le temps au point de devenir quelquefois illisibles, etc ;
propose la composition suivante qui serait exempte de ces
défauts, et qui aurait pour base le bistre ; mais toutes les
qualités de cette substance ne peuvent y convenir. Il donne
la préférence au bistre, qu'on peut retirer à bon marché de
l'espèce de goudron qui résulte de la distillation du bois pour
faire de l'acide acétique et du charbon ; il le soumet à la
chaleur pour en délayer la matière huileuse et l'acide acétique, et le rapproche en consistance de pois, qu'il fait
ensuite dessécher jusqu'à ce qu'il devienne très friable :
dans cet état, il est presque noir. Cette matière est soluble dans les alcalis, avec lesquels elle forme un composé
analogue au savon : cependant elle se comporte différem-
ment avec la soude et avec la potasse. La première combinaison est toujours à l'état gélatineux, même quand la solution est étendue de beaucoup d'eau, tandis que la seconde
reste liquide, si elle n'est pas trop concentrée ; c'est cette
liqueur que M. Mac-Culloch propose comme encre indélébile. Le procédé est très simple : il consiste à faire bouillir
le bistre obtenu, comme nous venons de le faire connaître,
dans une solution alcaline qui en soit entièrement saturée.
Il est difficile d'indiquer précisément l'état dans lequel le
bistre doit être employé ; mais il ne peut être trop friable
ni trop noir, pourvu que, dans la dessiccation, le feu
n'ait pas été poussé trop, car alors il aurait perdu sa soli-
dité.

L'on n'est nullement besoin d'ajouter à cette encre ni gomme
ni aucune autre substance ; elle n'éprouve aucun changement dans la bouteille où elle est enfermée, et ne forme
pas de dépôt. Elle coule librement de la plume ; elle est
indestructible par le temps, le chlore et les chlorures. Cette
encre n'est cependant pas exempte de défauts : 1° elle agit
sur la plume de manière à en émousser rapidement la pointe ;
l'on peut prévenir cet inconvénient en employant des plumes métalliques ; 2° elle est brune et non pas noire, quoiqu'elle soit très lisible ; 3° le lavage, aidé par le frottement, en enlève une partie, mais il en reste cependant
assez pour reconnaître parfaitement les caractères.

L'on devrait faire des essais pour constater si, en la mêlant avec une petite quantité d'encre ordinaire, on ne pré-
viendrait pas ces inconvénients.

Encre indélébile de P.-J.-M. Bezauger.

La composition de cette encre à écrire repose, dit l'auteur dans son brevet, sur l'emploi seulement de trois matières qui en forment la base et le principe, matières dont une ou deux, à l'exception de la colle animale, ont bien pu figurer séparément et non ensemble dans quelques essais pour la fabrication de certaines encres, mais dont la réunion et la combinaison n'ont point encore été opérées dans le but de composer une encre indélébile propre à l'écriture, ainsi que pour remplir les effets et avoir les propriétés et les avantages de la nôtre.

Ces trois matières sont le noir de fumée, la colle animale et l'alcali, à l'exclusion des autres substances qui se retrouvent ordinairement dans toutes les encres à écrire.

Après avoir posé ce principe de composition et établi cette réunion de matières, nous allons décrire leur combinaison et le moyen de fabrication, en faisant observer que ce procédé de mise en œuvre ou de manutention n'est donné ici que comme un exemple d'exécution, que le principe serait toujours le même si à ces trois matières on en ajoutait d'autres n'altérant pas toutefois les propriétés indélébiles de notre encre, de même que la substitution de matières analogues à celles que nous employons rentrerait dans le principe de sa composition, et n'en serait qu'une variante reposant sur la même idée, soit principalement l'emploi de la colle animale mêlée au noir de fumée, noir d'ivoire, etc., avec addition d'alcali.

Nous ferons observer, en outre, que, à l'égard de la fabrication, nous présentons pour le traitement des matières des moyens inusités avant nous, et comme étant préférables à ceux qui pourraient être connus dans les laboratoires, où ces mêmes matières auraient pu être traitées dans un but d'emploi différent du nôtre.

Recette :

On prend du noir de fumée léger, fin, qu'on fait calciner pour le débarrasser des résines et de la pyritine qu'il contient ; après quoi on le passe à la molette ; puis, pour dissoudre les sels qui se trouvent aussi dans le noir, on procède à un lavage.

Le charbon, recueilli sur le filtre, est ensuite mélangé en

poids égal, avec de l'alcali caustique, soit de la soude, et quantité suffisante d'eau.

L'emploi de l'alcali, dans cette phase de l'opération, a pour but d'amener à une division parfaite les molécules du noir.

On sature ensuite par l'acide sulfurique ou par tout autre acide, et on procède à un nouveau lavage pour dissoudre les sels provenant de l'opération de la division.

Le noir, recueilli sur le filtre, est alors mélangé, dans la proportion de 1/4 de son poids, avec la colle animale, soit de la belle gélatine, qu'on aura soumise préalablement à une très forte température (110 à 115 degrés), pour l'empêcher de se mettre en gelée quand elle refroidit.

On broie ensuite le tout, en y ajoutant peu à peu, et en quantité suffisante, de l'eau amenée par la soude caustique à 2 degrés de pèse-sel.

Dans le but de masquer l'odeur de la matière animale, on peut la prévenir en y ajoutant un aromate, soit du musc, de l'ambre ou tout autre.

Enfin on pourrait aussi ajouter un peu de gomme, pour donner du luisant à l'encre, mais il faudrait avoir soin que la gomme y fût en petite quantité, sans quoi on risquerait de faire perdre à l'encre sa qualité indélébile, en l'empêchant de pénétrer dans le papier et de faire, pour ainsi dire, corps à lui.

Tout en simplifiant ici un procédé de division du noir et un mode d'opérations successives, on conçoit, à l'endroit de l'invention, qu'elle ne saurait résider entièrement dans ce procédé, ni dans ces opérations, qui ne sont données ici que comme exemple d'exécution, et qu'ils n'excluent pas tout autre mode d'opérer pour amener à la fabrication d'une encre indélébile propre à l'écriture, composée en principe, de noir de fumée, noir d'ivoire ou tout autre, de colle animale ou d'alcali, matières dont les propriétés sont trop connues pour qu'on ne puisse pas déduire de leur emploi et de leur combinaison l'impossibilité qu'une encre ainsi composée puisse être enlevée ou détruite par des réactifs.

Voici maintenant quelques perfectionnements :

1° Dans l'addition de la gomme laque, gomme ammoniaque ou toute autre substance gommo-résineuse aux matières énumérées ci-dessus, pour tenir plus long-temps en suspension la matière colorante de l'encre.

2° Dans la substitution au noir de fumée ordinaire du noir de lampe, c'est-à-dire de celui provenant de la combustion des graisses végétales ou animales, quand on voudra rendre l'encre plus noire et lui donner les propriétés de l'encre de Chine.

3° Dans l'idée de faire du noir de fumée avec l'acide oléique (par les procédés employés pour obtenir le noir de fumée des autres matières), de n'importe quel corps gras que soit, extrait d'acide oléique, et quel que soit d'ailleurs le mode de séparation de cet acide des autres corps avec lesquels ou dans lesquels on le trouve.

Lequel noir de fumée, analogue au noir de lampe, mais moins cher, est destiné à remplacer ce dernier, non seulement dans la fabrication de notre encre, mais encore dans toute autre application où le noir de fumée et le noir de lampe sont employés.

Ce nouveau noir doit être considéré comme un nouveau produit et un nouvel emploi de l'acide oléique.

Quant au mode d'emploi de la gomme laque dans la composition de notre encre, il suffit d'en ajouter à la colle ou à la gomme, dans la proportion de 1/3 environ de la quantité de gomme ou de colle.

On continuera ensuite l'opération ainsi que nous l'avons indiqué.

Il en est de même pour la substitution au noir de fumée du noir de lampe ou de celui fait avec de l'acide oléique: la manutention reste la même.

Il résulte de ce perfectionnement à l'égard de notre encre :

1° Que la gomme résineuse tient plus long-temps en suspension la matière colorante.

2° Que le noir de lampe ou celui de l'acide oléique rend l'encre plus noire, les molécules de ce noir étant plus divisées, et permettant dès-lors d'employer indistinctement la gomme ou la colle animale.

Enfin cette encre, ainsi fabriquée, peut rivaliser avec l'encre de Chine amenée à l'état liquide, et même la remplacer, au besoin, dans son usage ordinaire en la solidifiant.

Je vais indiquer ici quelques autres améliorations qui consistent dans l'addition de substances colorantes rouges, jaunes et bleues, qui, mélangées, ajoutent encore à l'intensité de la teinte noire de l'encre.

La proportion des substances tinctoriales à employer variant en raison de leurs propriétés colorantes ne peut être indiquée ici ; l'œil servira de guide pour arriver au résultat qui dépend aussi de la plus ou moins grande intensité de la teinte noire qu'on voudra obtenir, ou de la prééminence qu'on voudra donner à une couleur sur les autres.

On peut même n'employer que la couleur bleue, pour atténuer l'impression désagréable à l'œil d'un noir trop mat.

A cet effet, on peut employer les différentes préparations d'indigo exotique ou indigène et autres analogues, le bleu de Prusse, celui de Cobalt, les bois de Campêche, l'orcanette, etc.

Ces améliorations s'appliquent soit que l'encre soit préparée à la colle animale, soit qu'elle le soit à la gomme.

Cependant je préfère la première préparation, parce que celle préparée à la gomme dégage plus que celle faite à la colle.

J'ai dit que pour la préparation de l'encre à la colle, j'amenais cette colle à une altération telle qu'elle ne prenait plus en gelée par le refroidissement, je n'exclus pas cependant celle simplement dissoute dans l'eau, puisque j'en ai fabriqué avec cette colle employée dans cet état ; mais, pour que celle-ci ne se gâtat pas, il faudrait y ajouter plus d'alcali, qui pourrait attaquer le papier, ou un anti-putride quelconque, qui pourrait diminuer la qualité indélébile de l'encre, ou au moins en augmenter le prix.

J'ai dit dans les précédentes descriptions que la colle animale, les gommes, et en général toutes les matières gommo-résineuses ou mucilagineuses, pouvaient être employées pour tenir en suspension la matière colorante de mon encre.

Parmi ces substances, il en est qui ne se trouvent pas dans le commerce, et que, par cette raison, je n'exclus pas.

Je citerai, par exemple, la colle qu'on peut extraire de certaines peaux, comme les rognures de crins minces ou épais, qu'on peut alors préparer soi-même.

Pour obtenir ces colles, on les traite d'abord soit par l'ammoniaque ou par les alcalis caustiques, puis par l'eau, soit par tous autres moyens.

Ce sont ces rognures que j'employais pour tenir plus longtemps en suspension la matière colorante de l'encre de Chine dont le prix déjà très élevé exigeait, pour la bonifier, l'emploi de matières ayant peu de valeur numérique.

Cette raison seule m'avait déterminé à la recherche d'une encre à bas prix, tout en réunissant les avantages de cette encre, car j'aurais préférablement employé les autres colles animales, les gommes, et en général toutes les substances gommo-résineuses et les mucilagineuses qui entrent dans mon encre.

Je les emploierais encore dans le cas où je broyerais l'encre de Chine pour l'écriture, et dans celui où je mêlerais cette encre à la mienne.

Ainsi, quand j'ai dit colle animale, j'ai entendu dire nonseulement les colles qu'on trouve fabriquées dans le commerce, mais toutes celles qu'on peut et qu'on pourra préparer dans les laboratoires, de même aussi que, en citant la gomme, j'entends toutes les espèces de gomme.

La matière colorante de l'encre indélébile propre à l'écriture n'étant pas en dissolution, mais à l'état de simple mélange, il en résulte que, après un certain temps de repos, la matière tenue en suspension n'est plus en assez grande quantité pour l'obtention d'une encre bien noire, quoique suffisante cependant pour lui conserver sa propriété indélébile.

On remédie à cet inconvénient par l'addition d'encre ordinaire en plus ou moins grande quantité, suivant la teinte plus ou moins intense qu'on veut obtenir.

Cette encre ordinaire, composée comme on le sait, de noix de galle et de sulfate de fer, dans les proportions connues, est saturée par un alcali, puis filtrée, et ensuite mélangée avec celle indélébile.

Rien n'est changé, d'ailleurs, relativement à l'emploi des substances décrites précédemment pour tenir le charbon en suspension, telles que les différentes colles animales et végétales, toutes les espèces de gommes, les gommo-résineux, les mucilagineux, la fibrine, la dextrine, l'amidon grillé, le gluten, etc.

Dans l'encre ordinaire, on emploie la gomme, dans celle-ci on emploie soit cette dernière substance, soit une de celles décrites ci-dessus ; mais la colle doit être employée préférablement à toutes les résines.

Toutes les résines, l bitume de Judée, le mastic en larmes, etc., mais particulièrement le copal ou la dissolution de caoutchouc, peuvent être employés pour rendre l'encre plus résistante au frottement à l'aide de l'eau ; mais l'emploi de ces substances offre un inconvénient grave, l'encre ne pénétrant plus assez dans le papier est plus facilement enlevée au grattoir.

Encre *indélébile* de J. Hevraut.

Composition :

	Grammes.
Noir de fumée.	500
Charbon de vigne.	125
— de sucre.	125
— de grenilles	500
Indigo flor	60
Colle de Flandre.	500
Ammoniaque. . . . . 1 lit.	1,810
Acide chlorhydrique amené à 1 degré et 1/2.	12

Pulvérisez et passez au tamis les charbons, le noir de fumée et l'indigo, mélangez le tout dans un mortier en marbre, et formez-en une pâte bien homogène, avec la colle de Flandre, préalablement dissoute dans un litre d'une décoction de brou de noix et de pastel en pelotes passée à l'étamine ; comme cette dissolution est épaisse, on y ajoute l'alcali, qui finit de faire dissoudre entièrement la colle de Flandre. La pâte ainsi faite s'aromatise et se conserve dans un vase en verre qu'il faut avoir soin de bien boucher.

Quand on veut faire l'encre, on broie cette pâte sur un marbre, ou entre deux meules bien serrées, jusqu'à ce qu'il ne se fasse plus rien sentir entre les doigts, et on les délaye peu à peu avec 12 litres d'acide chlorhydrique amené à 1 degré et demi ; on met en bouteilles.

Cette encre résiste aux lavages réitérés et à l'action des plus puissants réactifs.

Encre indélébile de Tabuy et Bufeu.

On fait bouillir 500 grammes d'huile de lin, jusqu'à ce que la masse soit réduite d'un quart; on y met 125 grammes de bitume de Judée, et on fait bouillir le mélange. Après le refroidissement, on casse le mélange en morceaux et on l'arrose de 500 grammes d'essence de térébenthine rectifiée; le tout devient un liquide jaunâtre que l'on filtre. Pour lui donner une teinte noire, on ajoute du noir de fumée. On peut remplacer le noir par toute substance colorée, si l'on veut avoir une encre colorée.

Encre indélébile de Roseleur et Lanaux.

On la compose de la manière suivante :

On prend 500 grammes d'huile de lin qu'on fait bouillir pendant deux heures ; on ajoute 62 grammes de bitume de Judée, ou de résine; on fait bouillir jusqu'à l'entière dissolution et on laisse refroidir la pâte qui en résulte.

A 100 grammes de cette pâte, on ajoute 50 grammes de carbonate de potasse pour dissoudre les premiers; à cette dissolution ou ajoute 0,125 d'essence de thérébenthine, et on met le feu; on agite vivement avec un tube et on laisse le feu s'éteindre ensuite de lui-même ; on verse un litre d'eau, on chauffe à un feu modéré et on filtre.

Encre indélébile de Lanet-Limancey.

La formule proposée par M. Lanet est la suivante :

	Gram.
Eau	50 592
Encre de la Chine. . . .	1 912
Lessive de potasse	1 222
Oxide de sodium.	0 425

Le mélange de potasse et d'oxide de sodium laisse, dit l'auteur, au tracé d'encre une disposition hygrométrique qui agit lorsqu'on mouille la partie d'écriture qu'on voudrait effacer. Alors les caractères, en absorbant le liquide, s'impriment plus profondément, et le grattage même ne peut plus les enlever, à moins que le papier soit fort épais.

A la note de M. Lanet sont joints divers documents relatifs aux essais qui ont été faits avec de l'encre composée d'après la nouvelle formule.

Encre indélébile de M. E. Knecht.

Recette n° 1 :

Faites bouillir dans 200 grammes d'eau :

20 grammes gomme laque,
— borax,
— potasse.

Prenez 2 grammes de bleu en pâte ou d'une boule de bleu dont on se sert dans les ménages pour passer le linge au bleu ;

Ajoutez 2 grammes d'encre de Chine ou de noir d'une boîte à couleur, délayez par le frottement le noir et le bleu dans l'eau, passez le tout à travers un linge fin ;

Ayez soin de secouer la bouteille chaque fois avant de verser dans le godet.

Recette n° 2 :

Chaque imprimeur lithographe jette journellement une partie d'encre d'impression qui se ramasse sur la table.

Prenez gros comme une noisette de cette encre ou de l'encre lithographique la plus dure, la plus vieille (broyée au vernis fort), elle fournira un litre de bonne encre indélébile en s'y prenant de la manière suivante :

Passez un petit morceau de bois dans la petite boule d'encre d'impression, versez de l'essence de térébenthine dans un plat creux, et commencez à frotter avec la petite boule.

L'encre se détachera peu à peu, et quand on aura ainsi délayé la petite boule, on laisse évaporer l'huile volatile : tout le plat sera noirci ; laissez sécher jusqu'au lendemain. Versez ensuite peu à peu de l'eau rendue alcaline par une pincée de soude de potasse ou de savon : pendant l'hiver, il faut chauffer l'eau ou le plat, frotter avec un bouchon de liége jusqu'à ce que le noir se mêle avec l'eau.

Si vous désirez donner un reflet bleuâtre à cette encre, ajoutez un peu de bleu d'indigo ou de Prusse d'une boîte à couleur.

Encre indélébile du docteur Traill.

Le docteur Traill a présenté en 1838 à la Société royale d'Edimbourg un mémoire dans lequel, après avoir rappelé les tentatives infructueuses qu'il a faites pour préparer une encre indélébile avec les combinaisons métalliques, il donna la composition d'une liqueur carbonifère qui possède les propriétés d'une bonne encre à écrire.

Les encres employées par les anciens étaient de nature charbonneuse, et ont résisté très bien à l'action du temps ; mais celles des manuscrits d'Herculanum et des papyrus d'Egypte, peuvent être lavées et enlevées avec l'eau. Les encres préparées au moyen des recettes de Dioscoride, Vitruve et Pline, ne coulent pas bien de la plume, ne résistent pas à des lavages et ne remplissent pas les conditions qu'on recherche aujourd'hui dans une bonne encre. Les encres de charbon avec véhicules résineux dissous dans des huiles essentielles résistent il est vrai à l'eau et aux agents chimiques, mais elles ne coulent pas de la plume et s'étalent sur le papier. Il en est de même des solutions de caoutchouc dans le naphte de houille et l'huile de sassafras.

Après bien des essais infructueux avec des liquides d'origine animale ou végétale comme véhicule pour le carbone, le docteur Traill a trouvé qu'une dissolution de gluten de froment dans l'acide pyroligneux se mélangeait facilement au carbone pour former un liquide qui possède toutes les propriétés d'une bonne encre.

En conséquence il fait dissoudre du gluten préparé fraîchement et débarrassé aussi complétement qu'il est possible de la partie amilacée de la farine, à l'aide de la chaleur, dans l'acide pyroligneux, et étend d'eau la matière à consistance de savon qu'il obtient de cette manière, jusqu'à ce que la liqueur n'ait plus que l'acidité du vinaigre de table ordinaire. Avec chaque litre de cette liqueur, il broye 16 à 18 grammes de noir de lampe, et 5 grammes d'indigo.

Cette encre, suivant l'auteur, est économique, facile à préparer, et d'une belle couleur ; elle coule bien de la plume, sèche promptement, et, après qu'elle est sèche, ne s'enlève pas par le frottement ; les lavages ne peuvent l'entraîner, et les réactifs qui attaquent les encres ordinaires ne la font disparaître qu'en détruisant le papier.

Encre indélébile de Boutigny.

M. Boutigny a dit en 1857 qu'il était parvenu à préparer une encre qui est presque aussi inaltérable que l'encre de Chine et plus facile à employer que celle-ci. A cet effet, il dissout 30 grammes de gomme arabique, 15 grammes de sucre et 15 grammes d'acétate de plomb dans un litre d'eau pure et fait passer à travers la liqueur un courant d'hydrogène sulfuré jusqu'à décomposition complète du sel de plomb, fait bouillir le tout pendant une minute, ajoute 8 grammes de noir de fumée, et mélange le tout dans une partie égale d'encre ordinaire.

Encre indélébile de Kindt.

M. G.-C. Kindt de Brême a voulu aussi apporter son tribut aux moyens de sûreté qui ont été proposés pour mettre les actes, les billets et autres documents à l'abri de l'audace des faussaires. Il croit qu'il y a peu de fluides qui méritent autant le nom d'encre de sûreté que celui qu'il compose ainsi qu'il suit :

  1 partie de miel ;
  14 parties d'eau ;
  2 — d'acide sulfurique ordinaire.

On mélange et on ajoute une quantité d'indigo dissous dans l'acide sulfurique, suffisante pour colorer la liqueur et la rendre simplement visible sur le papier.

Après avoir écrit avec cette liqueur (non pas avec une plume d'acier qui serait attaquée) le papier doit être introduit dans une étuve ou chauffé sur des charbons enflammés ou une plaque de tôle chaude, jusqu'à ce que l'écriture apparaisse avec intensité.

Comme par ce traitement, non seulement le miel, mais aussi le papier lui-même se carbonise légèrement dans les endroits où on a écrit, l'écriture résiste à l'action des acides et autres réactifs chimiques, ainsi qu'à un grattage, même profond, parce qu'elle a pénétré profondément dans l'épaisseur du papier.

Si on craint en se servant de papier très mince, ou quand les caractères tracés sont lourds et épais, l'influence destructive de l'acide sur le papier, on peut après que celui-ci est écrit, et qu'il a été chauffé, le mouiller avec de l'ammoniaque liquide, ou l'introduire dans une boîte fermant exactement, sur le fond de laquelle on a répandu du carbonate d'ammoniaque, et l'y laissant séjourner pendant quelque temps dans cette boîte.

Encre indélébile de l'Académie des Sciences.

Le Ministre des Finances a consulté en 1835 l'Académie des Sciences sur la fabrication des encres et des papiers de sûreté et la manière de prévenir les faux en matière publique et privée. Une commission prise dans le sein de cette société savante, après des expériences fort soignées, a fait sur ce sujet un rapport remarquable que nous ne pouvons, à cause de son étendue, reproduire ici, mais dont nous croyons devoir extraire ce qui concerne les encres.

La Commission a d'abord constaté que toutes les encres proposées jusqu'à présent comme indélébiles, ne résistent pas à l'habileté des faussaires ou aux manipulations qu'on peut faire subir aux papiers dans les laboratoires de chimie : en conséquence elle a proposé pour s'opposer à la falsification des actes publics et privés, l'emploi de son encre indélébile faite en délayant l'encre de Chine dans de l'eau acidulée par l'acide chlorhydrique. Les avantages que cette commission avait reconnus à cette composition, une expérience ultérieure est venue les confirmer.

L'écriture tracée sur le papier ordinaire avec son encre indélébile a non seulement résisté à tous efforts de la falsification tentée par les personnes intéressées à faire prévaloir d'autres moyens de sûreté, mais de plus elle n'a fait subir aucune altération appréciable aux papiers sur lesquels elle est déposée depuis six ans, tandis que les vignettes délébiles imprimées sur le papier ordinaire se sont parfaitement effacées sous les influences capables de détruire l'écriture ordinaire, quand ces vignettes ont été imprimées avec la boue de l'encre épaissie, comme l'Académie l'avait recommandé.

Après avoir indiqué la composition d'un papier de sûreté propre à accuser toutes les tentatives de faux, la Commission a cru aussi devoir appeler l'attention sur les considérations suivantes :

» 1° Le papier de sûreté, le meilleur de tous, n'empêche pourtant pas d'anéantir un texte, soit par accident, en laissant tomber quelque acide sur le papier, soit à dessein, quitte à en accuser ensuite le hazard.

» L'encre de sûreté est ineffaçable.

» 2° Ce papier de sûreté permet des tentatives de faux ;

il se trouvera des insensés qui blanchiront l'écriture et la vignette, et qui essaieront de rétablir cette dernière ; il est vrai que, trahis par leur propre ouvrage, ils seront découverts et punis.

» Mais l'encre de sûreté va plus loin, elle prévient le crime, car elle rend toute tentative de faux illusoire.

» Ainsi, le moyen le plus sûr de prévenir les faux de toute espèce, aisés ou difficiles, c'est en définitive l'emploi d'une encre de sûreté. Il faudrait la rendre obligatoire pour tous les actes importants ou sujets à de fréquentes tentatives de falsification, comme les actes de l'état civil, les passe-ports, les pièces de comptabilité qu'on veut rendre invariables, etc.

» De la discussion à laquelle la Commission s'est livrée, il ressort aisément qu'à l'aide des moyens qui ont été indiqués et que nous allons rappeler sommairement :

» Avec l'encre indélébile, on prévient non seulement toute altération d'un texte, mais on le rend même ineffaçable. *

» Avec une vignette délébile, on prévient toutes les modifications partielles, les faux partiels auxquels certains actes sont exposés ; mais on ne s'oppose ni aux faux généraux, ni à la destruction du texte.

» Avec une vignette délébile, combinée à un filigrane indélébile, on prévient les faux de tous genres, partiels ou généraux, mais on ne s'oppose pas à la destruction du texte.

» Le meilleur papier de sûreté ne vaut donc pas une bonne encre indélébile ; mais un bon papier de sûreté peut

---

* Les personnes qui ont fait quelques études chimiques, et qui savent que l'encre de Chine est formée de charbon excessivement divisé, comprendront sans explication particulière les motifs qui ont déterminé l'ancienne Commission dans le choix de cette encre. Elles se rappelleront, en effet, que le charbon est insoluble et inattaquable par tous les agents connus à de basses températures, et que le papier serait toujours détruit avant que le charbon fût atteint lui-même.

Mais si l'encre de Chine est toujours indélébile, en ce qui concerne les agents chimiques, il serait possible, à la rigueur, qu'elle fût effacée par des moyens mécaniques ; c'est ce qui aurait lieu si elle ne pénétrait pas dans la pâte même du papier.

Il y a donc une certaine relation à établir entre l'acide ou l'alcali qui, rendre service aux administrations et au commerce, nous en sommes convaincus, tellement, qu'on serait peu surpris de voir la consommation du papier timbré s'accroître, si aux conditions de légalité qui forcent à s'en servir, se joignaient de véritables garanties pour celui qui en ferait usage.

» En résumé, la Commission rappelle que le meilleur préservatif contre toutes les falsifications d'écriture, consiste dans l'emploi de l'encre de Chine acidulée ; elle pense que l'administration ferait bien d'en rendre l'usage obligatoire pour ses employés dans toutes les occasions où un texte doit demeurer entièrement inattaquable.

Encres délébiles, sans matières grasses, convenables pour imprimer au rouleau, comme on le fait dans les fabriques de papiers peints.

N° 1.

» Encre usuelle, convenablement épaissie par évaporation au bain-marie.

N° 2.

» Encre usuelle convenablement épaissie avec du sulfate de chaux, et broyée très long-temps avec ce corps.

» Ces encres délébiles ont l'avantage de résister assez bien à l'action de l'eau pour qu'on puisse humecter les papiers imprimés avec ces encres et les employer au tirage typographique et lithographique sans altérer la vignette.

ajoutés à l'encre de Chine, ont pour objet de la faire pénétrer dans le papier et le collage du papier lui-même.

Plus le papier serait collé, plus il faudrait d'acide muriatique ou de soude pour déterminer cette pénétration qui constitue toute la garantie contre les falsifications. Les doses indiquées par la Commission se rapportent aux PAPIERS ORDINAIRES du commerce. Pour des PAPIERS EXTRAORDINAIRES, des PAPIERS SURCOLLÉS, il faudrait les augmenter.

Si le papier sur lequel on écrit est légèrement humide, l'encre pénètre mieux, et la garantie qu'elle présente en est augmentée. Aussi serait-il bon, dans un cas important, d'humecter très légèrement le papier, d'attendre une ou deux minutes pour laisser à l'humidité le temps de pénétrer dans toute l'épaisseur de la feuille, puis enfin avec l'encre de Chine récemment délayée dans la liqueur acide.

Encres grasses, mais délébiles, pour imprimer les vignettes typographiques à deux encres.

Composition du vernis et des encres nᵒˢ 1 et 2 :

Vernis.

Huile de lin. . . . 60 g.
Galipot. 150

» On chauffe ce mélange, et quand il est bien fondu, on le passe dans un linge fin.

Encre au vernis, nᵒ 1.

Craie lavée et séchée. 24 g.
Bouc d'encre sèche. . 3
Outremer 2
Vernis (quantité suffisante).

Encre au vernis, nᵒ 2.

Craie lavée et séchée. 24 g.
Bone d'encre sèche. . 1,5
Outremer 1
Vernis (quantité suffisante).

Encres indélébiles.

Nᵒ 1. *Pour écrire avec des plumes d'oie.*

» Encre de Chine délayée dans de l'eau acidulée par l'acide hydrochlorique du commerce et marquant 1° et demi à l'aréomètre de Baumé.

Nᵒ 2. *Pour écrire avec des plumes métalliques.*

» Encre de Chine délayée dans de l'eau rendue alcaline par la soude caustique, et marquant 1° à l'aréomètre de Baumé.

Nᵒ 3. *Pour l'impression des filigranes ou vignettes indélébiles.*

» Encre typographique ordinaire, pâlie avec une quantité convenable de sulfate de baryte artificiel ou de sulfate de baryte naturel, broyé longtemps à l'eau. »

Encre de M. J. Stark.

M. J. Stark a lu récemment devant la Société des Arts d'Écosse, un mémoire sur les encres, où l'on rencontre des faits intéressants, et dont voici l'exposé sommaire.

« Depuis 1842, l'auteur a fait une série d'expériences sur les encres à écrire, et à la date de la lecture de son mémoire, il avait déjà fabriqué 229 espèces d'encres différentes et essayé les propriétés de ces fluides sur le papier. Comme résultat de ses expériences, il a montré que les causes qui font que l'encre noircit ou pâlit sont très nombreuses, mais que dans les encres ordinaires cet effet était dû principalement au fer qui se peroxyde et se sépare sous forme de précipité. Beaucoup d'encres en conséquence récemment préparées donnent une écriture noire et durable, mais quand elles vieillissent, le tanno-gallate de fer qui s'en sépare les fait pâlir et leur enlève leur durée. D'après les nombreuses expériences qu'il a faites, l'auteur a démontré qu'il n'y a pas de sel de fer, pas de préparation de fer qui égale le sulfate de ce métal ou couperose verte pour préparer l'encre, et que même l'addition d'un persel, par exemple le nitrate ou le chloride de fer, quoiqu'améliorant d'abord la teinte de l'encre nuit cependant à sa durée.

» M. Stark n'a pas réussi à se procurer une encre persistante avec le manganèse, ni tout autre métal ou sel métallique. Il a fait voir une série de 18 encres qui avaient été préparées soit avec du fer métallique ou dans les quelles on avait plongé du fer métallique, et appelé l'attention sur ce fait, que malgré que l'intensité et le corps de la couleur semblent augmentés, cependant dans tous les cas la durée de ces fluides a été tellement affaiblie qu'ils sont devenus bruns et ont pâli en quelques mois.

» Les encres ordinaires les plus durables sont seulement celles qu'on prépare avec la belle noix de galle bleue, le sulfate de fer et la gomme, et les proportions les plus avantageuses que l'expérience ait démontrées pour produire l'encre qui conserve le plus longtemps sa belle couleur noire sont :

           6 parties de belle noix de galle bleue et
           4 parties de sulfate de fer.

L'écriture faite avec cette encre a été exposée au soleil et à l'air pendant 12 mois, sans présenter le moindre changement dans sa couleur, tandis que celles qui ont été faites avec toute autre proportion ou composition ont plus ou moins perdu de leur couleur, quand on les a soumis à une semblable épreuve. Cette encre, si on la garantit de la moisissure et contre le dépôt de son tanno-gallate de fer, fournit une écriture des plus durables. Toutes les encres à la noix de galle et au campêche n'égalent pas l'encre à la noix de galle seule, autant du moins qu'il s'agit de la durée de l'écriture : toutes ces encres perdent leur couleur et pâlissent bien plus tôt que celles à la noix de galle pure, et M. Stark, a fait voir des encres qui très durables avant l'addition du campêche ont pâli rapidement après cette addition.

» Le sucre exerce une action nuisible spéciale sur la durée des encres qui renferment du campêche, et même sur toutes les encres.

» M. Stark a mis sous les yeux de la société beaucoup d'autres encres simples en décrivant leurs propriétés : telles ont été l'encre au gallo-sumac, l'encre aux myrobolans, l'encre de Runge, des encres où le tanno-gallate de fer est tenu en suspension par l'acide azotique, l'acide chlorhydrique, l'acide sulfurique et autres acides, ou par l'oxalate de potasse, le chloride de chaux, etc. Il a recommandé l'encre aux myrobolans comme pouvant fournir un liquide d'une grande durée et celle qu'il est possible de fabriquer à meilleur marché.

» Toutes les encres ordinaires ont toutefois certains défauts, et l'auteur s'est efforcé de rechercher par expérience si on ne pourrait pas parvenir à donner une plus grande durée à l'écriture tracée avec ces encres, et en même temps prévenir les changements chimiques qui sont la cause de cet affaiblissement et de cette pâleur des encres en vieillissant. Après avoir expérimenté nombre de substances, par exemple le bleu de Prusse, et l'indigo dissous de plusieurs manières, il a trouvé que le sulfate d'indigo remplissait les conditions exigées, et qu'ajouté en proportion convenable à une encre au tanno-gallate, il fournissait une encre avec laquelle on écrit facilement, qui coule librement de la plume, ne l'obstrue pas, ne moisit jamais, et quand on l'applique sur le papier, devient d'un noir intense pur, et enfin qui ne change pas de couleur et ne pâlit pas pendant quelque temps qu'on la conserve. M. Stark a indiqué les proportions convenables pour obtenir des fluides jouissant de ces propriétés, et montré que la proportion la plus faible de sulfate d'indigo qu'on puisse employer pour cet objet était de 50 grammes par litre d'encre. L'encre à laquelle il donne la préférence pour son propre usage, se compose pour 1 litre d'encre de

75 grammes	Noix de galle.
50	Sulfate d'indigo.
50	Sulfate de fer.
25 à 36	Gomme arabique.

et quelques clous de girofle.

» Il a fait voir qu'en plongeant dans ces encres un fil de fer, ou en y jettant de la limaille de ce métal on détruirait leur durée tout aussi bien que celle des encres ordinaires, et par conséquent il a recommandé que tous les actes et les documents légaux soient écrits avec des plumes d'oie, attendu que le contact de la plume d'acier détruit invariablement plus ou moins la durée des encres.

» En terminant il a passé en revue les encres à copier, et les encres indélébiles. Il ne croit pas qu'on soit encore parvenu à produire une bonne encre à copier, et quant aux encres indélébiles, il n'en connaît pas encore qui résiste à l'habileté des chimistes ou à l'adresse des faussaires. »

Nous devons dire en terminant ce chapitre, qu'on a proposé aussi l'emploi de la teinture d'iode comme encre indélébile, mais loin d'avoir cette qualité cette encre disparaît entièrement au bout de 18 mois.

Enfin on a aussi conseillé l'emploi du vanuadium pour cet objet, mais nous ignorons si cette application a eu le succès qu'on s'en promettait, et la manière d'utiliser ce métal rare à la fabrication des encres.

ARTICLE TROISIÈME.

Formules diverses.

Sous ce titre nous réunissons quelques formules qui fournissent des encres propres à écrire avec les plumes métalliques, qui sont, comme on sait, promptement attaquées par la plupart des encres ordinaires et détruites, et qui ont en outre l'inconvénient de décomposer plusieurs encres, ainsi que quelques recettes proposées tout récemment pour des encres diverses, mais dont l'expérience n'a pas encore démontré les bonnes qualités.

Encre de J. Perry, pour les plumes à écrire métalliques.

Les ingrédients employés dans la composition de la nou-

relle encre Perry, sont dans les proportions suivantes,
pour une quantité de 225 litres :

<pre>
Noix de galle concassées.   .   9 kil.
Sulfate de fer.   .   .   .   .   4 kil.
Bois d'Inde.   .   .   .   .   .   1 kil.
</pre>

que l'on fait bouillir dans une quantité suffisante d'eau.
Quand la teinture est bien faite, on retire les noix de galle
et le bois d'Inde, qui sont épuisés, et l'on ajoute :

<pre>
Sucre blanc.   .   .   4 kil.
Gomme arabique.   .   4 kil.
</pre>

On fait évaporer jusqu'à la consistance d'un extrait liquide, puis on y ajoute :

<pre>
Indigo en poudre.   .   .   .   250 grammes.
Hydrochlorate d'ammoniaque.   150 grain.
Essence de citron.   .   .   .   32
Essence de lavande.   .   .   .   100
Acide acétique.   250
Cyanure de potassium.   .   .   125
</pre>

On incorpore bien le tout ensemble, et l'encre est faite.

Encre pour les plumes en acier.

On fait bouillir 1 kilog., de belle noix de galle réduite
en poudre dans 4 litres d'eau, qu'on réduit par l'évaporation à 1 litre ; à cette décoction on ajoute 180 grammes de
sulfate de fer chimiquement pur, et dissous dans un peu
d'eau chaude : on fait bouillir pendant quelques minutes et
on filtre. D'un autre côté, on arrose 15 grammes de la
meilleure encre de Chine réduite en poudre fine, et on y
ajoute un peu de la décoction, puis 15 grammes d'une solution de chlorydrate neutre de manganèse marquant 60°
Baumé. Le lendemain on broie très finement sur un marbre
l'encre de Chine ramollie avec la quantité de décoction qu'on
juge nécessaire, on tire au clair le reste de cette décoction
et on l'ajoute à l'encre de chine broyée. Enfin on verse dans
la liqueur quelques gouttes d'essence de girofle dissoute
dans l'acide acétique, on bat le tout dans un vase fermé,
on laisse reposer en fermant avec un bouchon, et quelques
jours après on décante avec précaution dans un autre vase
et on met en bouteilles pour conserver.

Cette encre, comme on voit, exige beaucoup de manipulation et n'est pas très économique, mais elle est excellente et remplit parfaitement le but.

Encre pour les plumes en acier, par M. le professeur E. Runge.

J'ai pendant longtemps cherché, dit M. Runge, une liqueur noire qui ne déposât pas, adhérât fortement au papier, à laquelle les acides ne pussent faire éprouver aucun changement, et, ce qui m'a paru le plus important, qui fût sans action sur les plumes en acier.

J'ai enfin trouvé une composition de ce genre parfaitement simple et qui consiste seulement en bois de Campêche, chrômate de potasse et eau, et ne renferme ni vinaigre, ni gomme, ni vitriol de fer ou de cuivre, et bien plus, pas de noix de galle : son prix est donc très peu élevé; et en effet, pour la préparer on n'a besoin que de :

500 litres de décoction de campêche et 500 de chrômate jaune de potasse.

On prépare la décoction de campêche dans la proportion de 10 à 80, c'est-à-dire qu'on fait bouillir le bois dans une quantité d'eau suffisante pour qu'avec 10 kilog., de ce bois on ait 80 litres de décoction. A celle-ci on ajoute, après le refroidissement, le sel de chrôme, et on agite vigoureusement. L'encre est alors préparée et peut être aussitôt employée. Toute addition de gommes etc., est nuisible.

On s'étonnera peut-être qu'une si faible quantité de sel de chrôme transforme en une liqueur atramentaire une aussi forte proportion de décoction de campêche. Mais le fait est très réel et il faut même limiter au rapport de 152 à 500, parce qu'une proportion plus forte de chrômate aurait un effet destructeur sur la matière colorante; au contraire, dans cette proportion, on forme avec la matière colorante jaune du campêche un bleu noirâtre qui n'y est pas, comme le gallate d'oxyde de fer dans l'encre ordinaire, à l'état flottant, mais bien dissout et par conséquent ne peut pas former de dépôt dans cette encre.

Cette liqueur possède encore d'autres propriétés. On peut laver un papier écrit avec cette encre, avec une éponge, et le laisser 24 heures dans l'eau sans que l'écriture coule ou même soit attaquée. Les acides étendus d'eau ne la détruisent pas et n'en changent pas la nuance, tandis que l'encre à la noix de galle disparaît et que celle préparée au campêche et au vitriol devient rouge.

Les plumes d'acier neuves sont enduites d'une matière grasse, qui s'oppose à ce que l'encre puisse happer, il faut les en débarrasser en les mouillant avec un peu de salive et ensuite les lavant à grande eau : avec une bouillie de cendres de bois et d'eau, on les débarrasse encore mieux de leur enduit gras. Avec la nouvelle encre le nettoyage est important, car autrement il ne serait pas possible d'écrire.

Depuis deux années j'écris avec cette encre, et mes plumes d'acier n'ont pas le moins du monde été attaquées. Cette encre s'oppose à la formation ordinaire de la rouille, de manière que les plumes, après des années de service, n'ont éprouvé d'autre avarie que celle de l'usure sur le papier.

Il n'est nullement besoin non plus, comme on l'a proposé, d'avoir recours aux plumes de laiton ou d'iridium pour des pièces, documents, etc., qui exigent une écriture toujours la même et identique d'un bout à l'autre. Avec mon encre la plume d'acier est un appareil beaucoup plus immuable dans les résultats qu'il donne, que ne peut jamais l'être la plume d'oie.

Sur l'encre de chrôme, par M. W. Stein.

L'encre proposée par M. Runge, et qui se compose en faisant bouillir une décoction de bois de Campêche à laquelle on ajoute, pendant qu'elle est encore chaude, du chrômate jaune de potasse, a l'avantage sur les encres ordinaires de fer de ne pas exiger de gomme, et de ne pas laisser déposer en aussi grande abondance la matière colorante. Cependant elle est entachée d'un défaut grave qui pourrait s'opposer à son emploi général : c'est que souvent, et peut-être même dans la plupart des cas, elle s'épaissit, quelque temps après sa préparation, comme du lait caillé. Pour écarter ce défaut dont la cause ne m'est pas encore bien connue, j'ai tenté diverses expériences, mais sans succès, jusqu'au moment où j'ai eu l'idée d'y ajouter quelques gouttes d'une solution de sublimé (0 gram., 25 de chloride de mercure pour une bouteille d'encre). Non-seulement cette encre devient ainsi plus fluide et se conserve intacte, mais sa couleur a passé au noir pur, de bleu indigo foncé qu'elle était auparavant.

Encre de Lipowitz.

Voici la recette de cette encre qu'on obtient, suivant l'auteur, d'une qualité constante, d'un beau noir, n'attaquant pas les plumes métalliques, qui n'est pas exposée à moisir, et qui tire tout le parti possible de la noix de galle.

On prend 3 kilogrammes de noix de galle, qu'on concasse et humecte avec autant d'eau qu'elles peuvent en prendre, puis on les dépose bien également sur un lit de courte paille placée sur le faux fond d'un vase à extraction. On verse sur ces galles humides de l'eau froide pour avoir 25 à 30 litres d'une liqueur claire plus ou moins brun foncé, suivant le temps plus ou moins long qu'elle a été exposée à l'air. Quand l'opération est bien faite, les dernières gouttes de liqueur qui coulent renferment à peine des traces de tannin.

D'un autre côté, on oxide dans un vase en grès du sulfate de fer dissous dans une quantité suffisante d'eau, au moyen de l'acide nitrique et de la chaleur. On précipite avec les précautions convenables, cette solution ferrique par du carbonate de soude cristallisé dissous dans l'eau. Le précipité volumineux qu'on obtient est jeté sur un filtre lavé à l'eau de rivière et comprimé peu à peu jusqu'à ce qu'il ait acquis assez de consistance pour en former des gâteaux ou bâtons.

On prend 1 kilog., 50 de cet hydrate d'oxyde de fer qu'on délaie dans 2 litres d'acide pyroligneux brut et on y ajoute, en remuant toujours, les 25 litres de l'infusion de noix de galle : au bout de quelques jours pendant lesquels on agite de temps à autre, et où l'encre est devenue suffisamment noire, on y jette 1 kilgr., de gomme sénégal et on favorise la solution par l'agitation.

L'encre, ainsi préparée, se garde aisément et possède, suivant l'auteur, toutes les propriétés d'une bonne encre : elle noircit encore après son application sur le papier, coule bien de la plume et n'attaque pas les plumes d'acier. L'acide pyroligneux brut la garantit contre la moisissure et la décomposition.

On réussit aussi bien à préparer cette encre quand dans 25 litres d'extrait de noix de galle on ajoute du pyrolignite de fer qu'on trouve à bas prix dans le commerce. La quantité de ce pyrolignite de fer qu'il convient d'ajouter, se règle d'après sa richesse en oxyde de fer, qui doit chaque fois être dosée approximativement. Une encre préparée au pyrolignite de fer doit être pendant longtemps exposée à l'air avant d'être prête à la consommation, parce que dans les pyrolignites du commerce le fer n'est qu'à l'état de protoxyde.

L'encre préparée comme il vient d'être dit s'épaissit avec le temps, tant en raison de l'évaporation de l'agent de solution, que de la combinaison plus intime du fer avec le tannin : dans ce cas, il suffit de l'étendre d'un peu d'acide pyroligneux, pour lui rendre la fluidité nécessaire, mais une nouvelle addition de gomme n'est pas nécessaire, car une bonne encre exige peu de gomme pour que le sel de fer se maintienne en suspension.

Encre de champignons.

Il y a déjà longtemps que les botanistes ont observé que quelques champignons de la famille des agarics tombaient à une certaine époque de leur végétation, en déliquescence et formaient un liquide de couleur noire dont les propriétés toutefois n'avaient point été étudiées. Un professeur de matière médicale à l'Université de Pensylvanie, M. J.-R. Coxe, a pensé que cette singulière propriété pourrait bien avoir quelque application utile, et c'est ce qui l'a déterminé à tenter quelques essais qu'il vient de faire connaître au public.

M. Coxe avait cueilli un de ces champignons déliquescents, l'avait déposé sur une feuille de papier blanc où il était resté jusqu'au lendemain ; alors il avait remarqué quelques gouttes d'un fluide atramentaire, filtrant à travers le papier, qui s'était teint en noir. En plaçant ce champignon sur une plaque de verre, tout tomba en déliquescence excepté les enveloppes ou membranes extérieures.

La couleur du fluide ainsi obtenu était plutôt celle bistre très foncé que le noir, et en l'abandonnant quelques heures sur le verre, il s'en sépara un sédiment solide, et un liquide à teinte moins foncée qui surnageaient. Ayant donc recueilli une assez grande quantité de cette liqueur en soumettant à la même opération un assez grand nombre de champignons de la même espèce, M. Coxe a obtenu, par l'évaporation, un extrait d'une couleur assez intense, avec les deux portions combinées que renfermait le fluide et qui, sans cette opération, se seraient séparées l'une de l'autre. Ayant fait l'essai de cette matière, il a trouvé qu'elle formait une excellente couleur à l'eau, comparable au bistre, et parfaitement propre au dessin quand on la mélangeait avec un peu de gomme.

M. Coxe a aussi fait usage du fluide dans l'état frais comme de l'encre à écrire, et il lui a servi à tracer divers dessins ou à faire des écritures, mais il n'a pas tardé à s'apercevoir que les changements qu'il opérerait étaient trop rapides pour qu'on pût le faire servir à cette application; il a donc été conduit à le faire sécher aussi promptement que possible par évaporation spontanée, puis à en faire usage en le délayant avec de l'eau. Différentes pièces d'écritures tracées avec ce dernier liquide, ayant été exposées pendant plusieurs mois à la lumière solaire, n'en ont éprouvé que de très légères altérations. Alors M. Coxe essaya les effets du chlore, de l'acide chlorhydrique, du gaz ammoniac, qui eurent peu d'action, excepté toutefois l'acide chlorohydrique gazeux qui affaiblit considérablement la teinte noire des écritures. Il a placé aussi quelques fragments de ces champignons frais dans une solution de sublimé corrosif, qui s'est opposé à ce qu'ils tombassent en déliquescence. Le même effet a été produit par l'alcool.

Le fluide bistré ou atramentaire est tout formé dans le champignon et s'en échappe ordinairement au bout de trois à quatre jours. Quand on le reçoit dans une fiole, on voit la partie la plus pesante et la plus noire se déposer sous forme de sédiment, au bout de peu de temps. Le liquide brun-clair et ombré surnage, et on peut le décanter pour faire sécher séparément les deux corps. Un champignon de bonne grosseur a donné environ 15 grammes (une demi once) de fluide.

Parmi un grand nombre d'expériences qui ont été faites avec ce fluide, nous citerons les suivantes dans lesquelles il a été soumis à divers réactifs.

7 grammes du fluide ajoutés à 30 grammes d'eau, ont donné une solution brune, claire et transparente. Cette solution a été déposée dans douze verres à expérience dans lesquels on a versé les réactifs suivants.

10 *Nitrate d'argent.* Effet nul d'abord, mais au bout de quelques minutes quelques flocons brun foncé se déposent et laissent un liquide transparent.

20 *Chlorhydrate de baryte.* Effet nul d'abord, et plus tard dépôt de flocons brun foncé.

30 *Acétate de plomb.* Flocons brun foncé immédiats, laissant un liquide clair au-dessus.

40 *Carbonate de potasse.* La transparence du fluide disparaît; léger dépôt brun au bout de quelques heures.

50 *Alcool.* Aucun changement apparent.

60 *Solution de deutochlorure de mercure* (sublimé corrosif). Apparence diffuse d'une couleur brunâtre; légers flocons bruns qui se déposent graduellement.

70 *Acide chlorohydrique étendu.* Même effet, mais beaucoup moins marqué.

80 *Eau de chaux.* Quelques légers flocons au bout de quelques heures.

90 *Ammoniaque liquide.* Effet nul.

10 *Succinate d'ammoniaque.* Dépôt brun foncé au bout de quelques heures.

11 *Ferrocyanate de potasse.* Pas d'action.

12 *Oxalate d'ammoniaque.* Il se forme quelque nuage qui se déposent sous forme de sédiment brun sale.

D'après ces expériences et beaucoup d'autres, M. Coxe est disposé à croire qu'on pourrait préparer une excellente encre de Chine pour le dessin et le lavis avec ces champignons, et que peut-être parviendrait-on, avec le dépôt mélangé à de l'huile, à composer une encre qui conviendrait pour l'impression en taille douce. Il pense aussi que ce liquide pourrait très bien être employé comme une encre à écrire qui serait à peu près inattaquable par les réactifs les plus ordinairement employés pour faire disparaître l'écriture; qu'on pourrait s'en servir pour tracer des caractères, appliquer des signatures sur des billets de banque, des billets de circulation, de commerce, ou autres papiers importants, pour écrire des actes, puisque les expériences paraissent démontrer qu'il est à peu près impossible de l'enlever sans détruire le papier lui-même.

Les espèces de champignons décrites par l'auteur, et sur lesquelles les expériences ont eu lieu, sont rapportées par M. Coxe, mais avec quelque hésitation, à *l'agaricus ovatus* de *Schœffer* (*icones fungorum* , fig. 7), *agaricus cylindricus* (id, fig. 8), et *agaricus porcellanus* (id., fig. 46 et 47) ; mais l'examen des dessins qu'il a joints à sa note a fait penser qu'elles appartiennent à *l'agaricus fimetarius* Linnée, *agaricus comatus*, Mull. et Berkeley, et *agaricus cylindricus*.

Au reste, l'*agaricus ovatus* fait partie d'un genre auquel Persoon a donné le nom de *coprinus*, et chez lequel les lamelles du chapeau se détruisent promptement en se fondant en une eau noire qui a fait donner aux champignons de ce genre le nom d'encriers. C'est à ce genre qu'appartiennent la plupart des espèces qui croissent si rapidement après les pluies et souvent en groupes nombreux sur la terre et le fumier. Il ne s'agira, si on veut répéter ces expériences et faire des essais, que de choisir les espèces qui donnent le fluide atramentaire de la plus grande intensité.

Encre pour écrire, qui ne moisit pas et se conserve long-temps sans dépôt, par M. Ed. Knecht.

Faites réduire en poudre 60 grammes de noix de galle blonde, ajoutez 60 gram. de sulfate de fer ; mettez un litre d'eau dans un pot de grès et bouillir. Plongez-y les deux ingrédients ci-dessus désignés après les avoir mis dans un morceau de calicot clair.

Lorsque l'eau sera réduite à peu près à 7/8, on retire le vase du feu.

Faites bouillir dans un demi-litre d'eau 50 gram. de bois d'Inde jusqu'à réduction de 2/3 ; filtrez et versez dans la première décoction.

Prenez ensuite 25 gram., de gomme arabique en poudre que vous ferez fondre dans un verre d'eau, et que vous ajouterez 24 heures après dans le vase contenant l'encre ; laissez encore reposer pendant une journée ce mélange, en ayant soin de le remuer trois ou quatre fois, puis mettez le tout dans une bouteille et vous aurez une encre limpide très noire, sans dépôt, sans moisi.

Encre des trois règnes, de Minet.

Une pincée de bois de Brésil dans deux pintes d'eau de rivière parfaitement clarifiée ;

Une livre de noix de galle d'Alep concassée ;

Dix onces de sulfate de fer (couperose verte) ;

Trois onces de gomme arabique dissoute dans du vinaigre au degré de saturation seulement ;

Deux onces d'alun pulvérisé ;

Quatre gros de noir de terre en poudre ;

Deux gros de charbon animal (noir d'ivoire en poudre).

Faites bouillir la noix de galle dans l'infusion de bois de Brésil jusqu'à réduction à moitié ; ajoutez alors le sulfate de fer ou vitriol , que vous faites dissoudre complétement par ébullition ; mettez ensuite le noir de terre et le noir d'ivoire , que vous remuerez bien pour en opérer le mélange ; faites dissoudre l'alun , et enfin ajoutez la gomme arabique.

Filtrez ensuite à la chausse , et 24 heures après que la composition est reposée , mettez , dans des flacons ou des bouteilles de grès , l'encre liquide , et placez la partie sèche dans des écritoires portatifs.

Les doses ci-dessus , traitées comme on vient de le dire , rendent deux livres d'encre liquide , et deux livres d'encre sèche portative.

L'inventeur assure que cette encre réunit toutes les qualités des meilleures encres connues, car elle résiste aux acides les plus violents et même à l'humidité. Celle qui est en liqueur ne s'épaissit pas lorsque le vase qui la contient est bouché ; elle est très coulante , et a, comme la meilleure encre , la propriété de noircir au bout de quelques heures,

L'encre sèche se délaie dans l'eau , de sorte que quand on veut s'en servir, il suffit de mettre quelques gouttes d'eau claire dans l'écritoire qui la contient.

Encre de H. Scott.

On fait macérer 1 kilogramme de copeaux de bois de Campêche pendant 2 jours dans l'eau , et on introduit le tout dans une casserolle en fer, on y ajoute 15 litres d'eau et on fait bouillir une heure et demie. On retire le bois et à la liqueur on ajoute 1 kilogramme de bonne galle d'Alep bien pulvérisée. On fait bouillir encore une demi-heure , on retire du feu, on abandonne pendant vingt-quatre heures, en ayant soin d'agiter fréquemment. Quand les noix de galle sont suffisamment épurées , on tire au clair et on y ajoute 800 grammes de couperose pulvérisée. On laisse macérer pendant huit jours en agitant de temps à autre, et on ajoute 400 grammes de vinaigre. On fait dissoudre 500 grammes de belle gomme arabique dans l'eau de manière à former une bouillie épaisse qu'on passe au travers d'un linge et ajoute à la liqueur. On laisse en repos pendant quelques jours, puis on y ajoute 40 grammes de nitrate de fer, on laisse reposer jusqu'à ce qu'on ait atteint le plus haut degré de noir ; on décante, et enfin on ajoute les substances suivantes dont chacune a besoin d'être préparée et broyée à part.

On prend d'abord 10 grammes d'indigo qu'on broye sur le marbre avec l'encre ci-dessus pour en former une pâte épaisse, puis on prépare 200 grammes de bleu de Prusse, bien lavé et pur, qu'on broye avec de l'eau distillée pour en faire aussi une pâte ; enfin on broye ensemble 5 grammes de noir de lampe et 1 gramme de nitrate de fer. On abandonne ces ingrédients pendant quelque temps à leurs réactions naturelles, puis on les jette dans la liqueur préparée comme ci-dessus, et pendant une semaine on remue tous les jours; on décante enfin la liqueur claire qu'on met en bouteille. Ces quantités indiquées donnent 15 à 16 litres d'encre.

Encre de Ricker.

On sait que l'encre à écrire ordinaire n'est qu'un sel de fer tenu en suspension avec de la gomme et du sucre, et que ce sel est un mélange de tannate et de gallate de sesquioxyde de ce métal. On obtient immédiatement cette encre d'une belle couleur noire lorsque, par exemple, à une solution de sulfate ou de nitrate de fer, on ajoute une décoction de noix de galle. Dans la liqueur noire ainsi préparée, le sel de fer qui donne la teinte noire est suspendu sous un état de ténuité telle qu'il n'est pas possible de l'isoler par le filtre.

Encre sans acide du docteur Hare.

L'encre ordinaire, indépendamment du tannate et du gallate de sesquioxyde de fer, renferme presque toujours de l'acide sulfurique libre (et dans l'encre vieillie de l'acide acétique) qui agit d'une manière destructive sur les plumes en métal; M. Hare conseille en conséquence, quand on veut avoir une bonne encre bien exempte d'acide libre, de faire digérer jusqu'à saturation des scories d'affinage du fer dans une décoction de noix de galle. Malheureusement l'encre ainsi préparée dépose plus facilement que celle du sulfate de fer, et l'addition de gomme arabique ne remédie pas entièrement à ce défaut, mais le dépôt qui se forme par une masse compacte est facile à remettre en suspension.

Quand l'encre ainsi préparée avec une décoction filtrée de noix de galle et des scories d'affinage, et à laquelle on a ajouté une suffisante quantité de gomme arabique, est évaporée à consistance de sirop, elle fournit une matière qui ne le cède en rien à l'encre de Chine, et qui, quand elle est sèche, a beaucoup d'éclat.

CHAPITRE II.

ENCRES DE COULEUR.

Encre blanche pour écrire sur du papier noir.

Prenez des coquilles d'œufs frais bien lavées et bien blanches; ôtez-en la pellicule qui est attachée dans l'intérieur, et broyez-les sur un marbre bien nettoyé, avec de l'eau claire. Mettez-les ensuite dans un vase bien net, et laissez-les reposer ainsi, jusqu'à ce que la poudre soit descendue au fond. Videz ensuite légèrement l'eau qui reste au-dessus; faites sécher la poudre au soleil, et lorsqu'elle sera bien sèche, vous la garderez dans un lieu propre.

Quand vous voudrez en faire usage, vous prendrez de la gomme ammoniaque choisie, c'est-à-dire, de celle qui est en larmes ou en morceaux ronds ou ovales, blancs dans leur intérieur, et jaunâtres au-dehors, que vous laverez et que vous émonderez soigneusement de la peau jaune qui les recouvre. Faites dissoudre cette gomme pendant une nuit dans de l'acide acétique, que vous trouverez le lendemain de la plus grande blancheur. Vous passerez cette dissolution à travers un linge bien propre, et vous y mettrez alors suffisante quantité de poudre de coquilles d'œufs, ce qui vous formera une encre très brillante, au moyen de laquelle vous pourrez tracer des caractères très lisibles sur du papier noir, ou tout autre papier chargé d'une couleur très foncée.

Encre rouge commune.

Les personnes qui sont dans le cas d'employer de l'encre rouge, essayent souvent inutilement beaucoup de procédés pour s'en procurer qui soit belle et qui ne change point avec le temps. La manière la plus ordinaire d'en faire est de se servir du bois de Fernambouc et du sulfate d'alumine, auxquels on ajoute de la gomme arabique et un peu de sucre. Cette encre est belle au commencement, mais au bout de quelques jours elle devient violette, et dans la suite la couleur rouge s'altère si fort, qu'à peine mérite-t-elle ce nom.

Encre rouge, très belle et très peu coûteuse.

Prenez 125 grammes (4 onces) du meilleur bois de Fernambouc que vous pourrez vous procurer, 30 grammes (1 once) de tartrite acidule de potasse, et autant de sulfate d'alumine. Faites bouillir ces ingrédients dans un pot rempli d'une suffisante quantité d'eau de pluie ou de rivière, jusqu'à évaporation de la moitié. Ajoutez ensuite à l'encre, pendant qu'elle est chaude, 30 grammes (1 once) de belle gomme arabique bien claire, et autant de sucre fin ou de sucre cristallisé.

L'acide de tartre est ce qu'il y a de plus essentiel dans la composition de cette encre, et c'est à lui qu'on doit la conservation de la belle couleur rouge.

Cette encre dure très long-temps, conservée dans une bouteille bien bouchée. On a l'expérience qu'une écriture faite avec cette encre, depuis plus de dix ans, n'avait subi aucun changement, et qu'elle était d'un aussi beau rouge et d'un éclat aussi vif qu'au moment où elle avait été tracée.

Autre encre rouge au mercure.

Prenez de l'oxide de mercure sulfuré rouge, ou quelqu'autre couleur d'un beau rouge, comme du minium ou du vermillon, et détrempez-le dans de l'eau rose, dans laquelle vous aurez fait dissoudre auparavant de la gomme arabique. Il faut 15 grammes (1/2 once) de gomme sur 9 décagrammes (3 onces) d'eau rose.

Encre rouge.

Autre formule :

On prend 125 grammes (un quart de livre) de râpure de bois de Brésil, et on les met infuser deux ou trois jours dans le vinaigre. On fait bouillir l'infusion pendant une heure sur un feux doux, et on la filtre encore chaude. On la remet sur le feu, et on y fait dissoudre d'abord 16 grammes (1/2 once) de gomme arabique, et ensuite 16 grammes (1/2 once) d'alun, et autant de sucre blanc.

Formule d'une belle encre rouge.

On prend 0 grammes 22 (4 grains) du plus beau carmin, et on y verse 65 grammes (2 onces) d'ammoniaque caustique, en ajoutant 1 gramme (20 grains) de gomme arabique blanche. On laisse reposer le mélange jusqu'à ce que la gomme soit entièrement dissoute. Cette encre est sans doute plus chère que celle qui est préparée à la manière ordinaire, mais elle est incomparablement plus belle et plus solide, parce que l'expérience a prouvé que des caractères tracés avec cette encre, il y a quarante ans, se sont conservées sur le papier sans aucune altération.

Encre rouge à la cochenille de Stephens et Nash.

On pulvérise grossièrement 60 gram. de belle cochenille, on la démêle dans une solution de 60 gram. de carbonate de soude cristallisé et un 1/2 litre d'eau ; on agite fréquemment, on laisse reposer une heure et on filtre à travers une toile. Dans la liqueur rouge-bleuâtre, on jette peu à peu un mélange en poudre de 120 grammes d'alun et 120 grammes de crème de tartre, et on agite chaque fois jusqu'à ce que l'effervescence soit calmée. Quand on a atteint l'intensité de couleur qu'on désire, on arrête et on laisse en repos; on décante, on dissout 30 grammes de bonne gomme arabique dans l'eau froide, et on ajoute cette solution de gomme à la liqueur, ainsi qu'un peu d'essence de giroflée. Il ne faut pas avoir cette encre en grande provision, parce que les encres à la cochenille s'altèrent facilement.

Encre rouge de Read.

On fait bouillir de la cochenille dans des quantités successives d'eau pure jusqu'à ce qu'elle cesse de donner de la matière colorante. On la fait alors bouillir dans de l'eau contenant de l'ammoniaque qui se combine avec une substance colorante et laisse la matière de l'insecte presque blanche. Les produits liquides de ces ébullitions sont mélangés dans un vase en terre, et on précipite la matière colorante par un bichloride-ammoniacal d'étain. Le précipité est redissous dans l'ammoniaque, et on y ajoute du proto-iodure d'étain jusqu'à ce qu'on ait obtenu l'éclat et l'intensité désirés ; enfin on ajoute de l'eau suivant le corps qu'on veut donner à cette encre.

Encre bleue.

Prenez 2 hectogrammes et demi (8 onces) d'indigo, avec une quantité proportionnée d'oxide de plomb blanc par l'acide acéteux ; délayez le tout avec de l'eau gommée et du sucre dans un petit pot de fayence, et le remuant peu à peu avec un pinceau, vous y ajouterez de l'eau suffisamment, et vous aurez soin de remuer l'encre toutes les fois que vous voudrez écrire. On peut en faire aussi avec de l'outremer et de l'eau gommée.

Encre bleue, dite rouennaise.

	Grammes.
Campêche en copeaux.	750
Alun de Rome. . . .	30
Gomme arabique. . .	30
Sucre candi	15

Faire bouillir le tout dans 6 litres d'eau pendant une heure, laisser reposer pendant 2 à 3 jours, et passer ensuite à travers un linge. Plus cette encre vieillit, plus sa qualité s'améliore.

Encres à fluides bleus de H. Stephens et E. Nath.

On prend du bleu de Prusse du commerce, et on le place dans un pot de terre. On verse dessus un acide concentré en assez grande quantité pour que le bleu en soit recouvert ; l'acide sulfurique est celui auquel il convient d'accorder la préférence ; mais alors il faut l'étendre de son volume d'eau aussitôt que la masse prendra une couleur blanchâtre.

On laisse le bleu dans l'acide pendant vingt-quatre, trente-six ou quarante-huit heures ; puis on étend la solution avec une grande quantité d'eau, on remue en même temps afin d'en séparer les sels ou l'oxide de fer qui ne seraient pas combinés ; on abandonne au repos dans cet état de dilution jusqu'à ce que la partie colorante se soit précipitée, et que la liqueur surnageante puisse être décantée avec un syphon ; on lave une seconde fois à grande eau, et on répète cette opération jusqu'à ce qu'on reconnaisse que l'acide et le fer ont été complétement enlevés. On en fait l'épreuve avec des papiers réactifs et au moyen du ferrocyanate de potasse qui ne doit plus, dans les liqueurs de lavage, donner de précipité bleu. Alors la matière est suffisamment lavée, on la jette sur un filtre, où on la laisse jusqu'à ce qu'elle soit parfaitement égouttée. Dans cet état, on enlève le bleu, on le pose sur des plats pour que son humidité s'évapore, et on le fait sécher doucement et à une température modérée.

Pour dissoudre le bleu, on se sert d'acide oxalique, et on mélange ces corps avec précaution, puis on y ajoute peu à peu de l'eau froide (de l'eau distillée autant que possible), pour former une solution à laquelle on peut donner ainsi une couleur plus ou moins foncée. La quantité d'acide oxalique peut varier suivant le volume de l'eau qu'on ajoute. On trouvera généralement que le bleu qui a digéré, comme il a été dit plus haut, n'exige plus qu'une faible quantité d'acide oxalique pour se dissoudre, et qu'environ une partie d'acide dissout six parties de bleu pesé avant la digestion. Ces proportions conviendront pour faire une solution concentrée ; mais si on veut un fluide plus étendu, il faudra aussi un peu plus d'acide. Le bleu de Prusse qui n'aurait pas digéré dans l'acide exigerait une plus grande quantité d'acide oxalique pour se dissoudre de deux à trois fois son poids, et même, après cette dissolution, il est très disposé à se précipiter, tandis que traité par la méthode indiquée, il ne se précipite plus, et forme une solution permanente.

La méthode employée pour dissoudre le bleu de Prusse peut être mise en usage pour préparer des bains de teinture avec cette substance, et pour la rendre utile dans les fabriques de papiers peints ou autres. Dans tous les cas, on voit que la digestion dans l'acide sulfurique a pour but de dissoudre l'excès d'oxide de fer qui s'est précipité dans la fabrication en même temps que le bleu de Prusse, et d'obtenir ainsi ce dernier plus pur, quoique moins abondant. Nous ferons observer seulement qu'il y a quelques fabriques où on lave déjà le bleu à l'acide pour ne livrer que les plus belles qualités de ce produit, et que, dès-lors, il n'y a plus pour obtenir la solution de ce bleu qu'à le dissoudre dans l'acide oxalique.

Pour épaissir, en peut ajouter un peu de gomme ou de sucre.

De l'encre au bleu de Prusse de Stephen et Nath.

Pour utiliser les solutions de bleu de Prusse, d'après les procédés de Stephens et Nath, et en faire de l'encre qui ne soit pas attaquable par les réactifs chimiques, on opère comme il suit :

On mélange environ parties égales de carbonate de potasse ou de soude et de gomme laque ou de résine. On ajoute une quantité d'eau suffisante et on fait bouillir jusqu'à dissolution de la plus grande partie des résines. On verse la solution dans un mortier avec la quantité nécessaire de noir de lampe, et enfin au liquide noir ainsi obtenu on ajoute la solution de bleu de Prusse.

Encre bleue de Karmarsh.

Au lieu de se servir de bleu de Prusse, M. Karmarsh propose de se servir du bleu de Paris, très pur, qu'on peut employer immédiatement sans le mettre en contact ni dans l'acide chlorhydrique ni dans l'acide sulfurique. On a ainsi l'avantage :

1° Qu'il faut une très petite quantité d'acide oxalique pour rendre le bleu soluble dans l'eau.

2° Que le rapport de l'eau à l'acide oxalique n'a pas besoin d'être aussi resserré puisqu'une solution d'acide oxalique concentré est moins propre à dissoudre du bleu que celle plus étendue.

3° Qu'une solution d'acide oxalique qui, sur 360 parties, en contient une d'acide cristallisé, dissout aussi bien le bleu qu'une partie d'acide dans 64, 128, 192 ou 256 parties d'eau.

4° Que 1000 parties d'eau, en poids, ne dissolvent dans tous les cas que 10 à 11 parties de bleu.

Le traitement par les acides augmente notablement la solubilité des bleus.

Encre au cyano-iodure de fer ou bleu de prusse soluble de M. J.-B. Reade.

On a pu voir à l'exposition universelle de Londres, des échantillons de ce produit, dont on doit la découverte à M. J.-B. Reade, et pour lequel il a pris une patente. On l'obtient en ajoutant à du prussiate jaune de potasse une quantité convenable d'iodure de fer avec excès d'iode. Le bleu de Prusse reste sur le filtre, et après les lavages et la dessiccation, il est parfaitement soluble. Si on évapore la liqueur filtrée qui est incolore, en obtient pour résidu de l'iodure de potassium pur.

Voici la composition de ce bleu, suivant la théorie des équivalents :

Fer	1	196	50 8
Cyanogène	9	254	36 8
Potassium	2	80	12 6
Iode	1	126	19 8
Cyano-iodure de fer	1	636	100 0

Si donc on prend :

Centigram.

Cyano-ferrure de potassium 145 0

Iode 126 ｝ pour former de l'iodure de fer . . 184 0
Fer. 28 ｝

Un excès d'iode qu'on dissout dans l'iodure de fer. 57 2

336 2

· On a au total les éléments et le produit final suivants :

	Éléments.	Produit au bleu de Prusse	Iodure de potassium.
Fer	50	50	»
Cyanogène	61	61	»
Potassium	62	20 4	44 6
Iode	165 2	32 2	131 0
	336 2	162 6	172 6

Le fer et le cyanogène forment ainsi, avec une portion du potassium et de l'iode, un bleu de Prusse d'une couleur intense et qui est parfaitement soluble ; le reste du potassium et de l'iode s'unissent pour faire de l'iodure de potassium, dont la solution n'a pas de réaction alcaline au papier de curcuma.

Les propriétés de ce nouveau bleu de Prusse le rendent précieux comme liquide pour l'écriture et comme couleur pour les peintres et les dessinateurs. L'iodure de potassium obtenu comme produit secondaire dans ce procédé, possède des avantages pour la préparation des papiers calotypes.

Dans l'expérience indiquée, l'eau n'est pas décomposée, et il ne se forme pas d'acide hydriodique; l'iode semble y jouer le rôle de l'oxygène, et donner à ce bleu la même coloration saturée que possède celui préparé avec un sel de fer. Quand il n'y a pas excès d'iode, le précipité est presque blanc, mais il absorbe promptement l'oxygène de l'air et est insoluble.

Encre verte.

Prenez un pot de terre vernissé qui contienne environ un litre; remplissez-le à moitié d'eau; mettez le pot sur le feu, et quand l'eau sera prête à bouillir, vous y mettrez 6 décagrammes (2 onces) d'oxide de cuivre, par l'acide acéteux, bien pilé, et vous le ferez bouillir doucement et à petit feu pendant une demi-heure, en remuant la colature avec une spatule de bois; ajoutez-y ensuite 30 grammes (1 once) de tartrite acidule de potasse pilé, et faites encore bouillir le tout pendant un demi-quart d'heure. Passez alors votre encre deux ou trois fois à travers un linge, et faites-la évaporer un peu devant le feu pour la rendre plus luisante. Évitez de la faire bouillir trop longtemps, ce qui lui ferait perdre de sa couleur verte, et la rendrait d'un bleu faux et désagréable.

Encre verte.

M. le docteur W. Stein, de Dresde, a découvert dernièrement qu'on peut préparer une encre verte d'une couleur magnifique en mélangeant de l'acide picrique qui a une couleur jaune avec du sulfo-indigotate de potasse ou carmin d'indigo, et que l'on rehaussait encore la beauté de sa nuance en combinant d'abord l'acide picrique à la soude pour former du picrate de soude, et mélangeant alors au carmin d'indigo, et enfin ajoutant la quantité nécessaire de gomme arabique pour donner la consistance exigée.

Vernis vert et encre verte au chromate de potasse.

Suivant M. L. Leykauf, quand on chauffe de l'alcool à 32°
Richter avec l'acide sulfurique, et qu'on verse la liqueur
dans une solution concentrée de chromate acide de potasse,
il se produit un liquide oléagineux vert foncé, insoluble dans
l'alcool, mais soluble dans l'eau. Ce liquide, mélangé à du
vernis d'huile, est excellent pour enduire le bois, la pierre,
etc., et fournit des vernis d'un très beau vert foncé. Ce corps
se mélange aussi très aisément au vernis de caoutchouc
qu'il colore également en vert foncé sans que la consistance
et l'élasticité de celui-ci éprouvent la moindre altération,
même par une assez forte proportion de couleur. Si l'on
dissout cette masse verte dans l'eau on obtient une encre
verte magnifique qui n'attaque ni les plumes métalliques ni
le papier et ne s'altère pas. On obtient ce même liquide
vert qui paraît être un sulfate d'oxyde de chrôme, en faisant
passer un courant d'acide sulfureux dans de l'alcool et pré-
cipitant par le chromate de potasse.

Encre verte de J. Schlickum.

On prend 16 grammes de bichromate de potasse, qu'on
fait dissoudre dans 50 gram. d'eau, on mélange à la solution 24 gram. d'alcool très concentré qui donne lieu à un
précipité jaune-gris. Alors on ajoute au mélange chaud, avec
précaution et goutte à goutte, de l'acide sulfurique concentré jusqu'à ce que le précipité se redissolve et que la liqueur prenne une couleur brun foncé. On chasse l'alcool
par une élévation de température, et on réduit le résidu
par évaporation à 30 à 32 grammes, on ajoute 60 grammes
d'eau distillée et on filtre. A la liqueur filtrée on ajoute de
nouveau 8 grammes d'alcool et de l'acide sulfurique qu'on
y verse goutte à goutte, jusqu'à ce que la liqueur ait une
faible réaction acide, on chasse l'alcool par la chaleur, et
après le refroidissement on ajoute assez d'eau distillée pour
faire un poids de 150 grammes. Cette liqueur a alors une
couleur vert-jaune sale. On y fait passer un courant de gaz
sulfhydrique jusqu'à ce qu'elle acquiert fortement l'odeur
de ce gaz, et on en sépare par le filtre le soufre précipité.
A la liqueur filtrée on ajoute goutte à goutte de la solution
d'indigo dans l'acide sulfurique jusqu'à ce qu'on voie apparaître la couleur vert *pur*, c'est-à-dire jusqu'à ce que le

jaune passe au vert pur, et on y fait dissoudre 8 grammes de gomme arabique réduite en poudre fine et 12 grammes de sucre blanc. Le tout est alors reporté au poids de 150 grammes. Si on veut que l'encre ne contienne pas d'acide sulfurique libre on le sature avec de la potasse.

Encre verte en pastilles.

Choisissez une bonne qualité d'oxyde de cuivre préparée avec l'acide acétique ; formez-en des pastilles avec de l'eau distillée, des noix de galle vertes et un peu de vinaigre ; faites ensuite sécher ces pastilles. Lorsque vous voudrez en faire de l'encre verte, vous en ferez dissoudre la quantité nécessairedans de l'eau chargée de gomme arabique.

Encre violette.

Prenez un hectogramme et demi (4 onces environ) de bois d'Inde , et après l'avoir coupé par petits morceaux , faites-le bouillir dans une suffisante quantité d'eau avec trente grammes (1 once) de sulfate d'alumine réduit en poudre. Lorsque l'eau sera assez chargée de teinture, vous la laisserez refroidir, et vous la verserez par inclinaison dans une bouteille pour l'usage.

Encre rouge et violette solide.

Cueillez le fruit de l'arbre Sainte-Lucie, qui est très commun dans les jardins d'agrément , et qui se propage avec la plus grande facilité.

Ecrasez ce petit fruit, et faites bouillir avec une légère addition d'eau et de gomme arabique ; on passe à travers un linge.

Vous obtiendrez un beau violet. Mêlez-y une faible quantité d'acide , soit hydrochlorique , soit oxalique , soit citrique , et le violet deviendra un beau rouge.

Cette encre réunit à l'avantage du bon marché celui de résister assez bien aux acides , ce qui n'est pas sans importance pour les effets du commerce sur timbre.

Encre de couleur , de M. C. Ohme.

Les applications multipliées des encres de couleur dans les administrations publiques ou particulières, pour les projets, les plans et les dessins des ingénieurs, dans le dessin des machines , etc., a fait désirer depuis longtemps qu'on publiat des formules dignes de confiance et fournissant des produits d'une bonne qualité. Voici quelques-unes de ces formules que je recommande aux fabricants.

1. *Encre bleue.* L'encre bleue, qu'on a préparée jusqu'à présent en faisant dissoudre du bleu de Prusse dans de l'acide oxalique, est d'un usage à peu près impossible avec les plumes d'acier, puisqu'elle se décompose dans la plume même pendant qu'on écrit. Il arrive aussi très souvent qu'on rencontre des sortes de bleu de Prusse qui ne veulent pas se dissoudre dans l'acide oxalique, même après les avoir fait digérer préalablement dans l'acide chlorhydrique.

Pour préparer une encre bleue qui puisse également servir avec les plumes d'acier, on étend 4 grammes de chloride de fer (*liquor ferri*, *sesquichlorure* de la pharmacie prussienne) de 250 grammes d'eau distillée, et d'un autre côté on fait dissoudre 15 grammes de cyanoferrure de potassium dans 250 grammes d'eau distillée, et on mélange peu à peu ces liqueurs en agitant continuellement. Alors on jette le précipité bleu qu'on obtient sur un filtre, on laisse égoutter complétement, on le lave encore humide avec de l'eau distillée, jusqu'à ce qu'il commence à colorer en se dissolvant les eaux de lavage en un beau bleu; on éventre le filtre et on dissout tout ce précipité dans la quantité d'eau nécessaire pour faire 750 grammes de liqueur.

2. *Encre verte.* Les recettes publiées jusqu'à présent pour la préparation des encres vertes sont très imparfaites et défectueuses. On obtient une bonne encre verte en opérant comme il suit. On broie finement 4 grammes de gomme-gutte et on ajoute peu à peu 500 grammes de l'encre bleue ci-dessus; on obtient de cette manière une encre qui remplit toutes les conditions. Une addition de gomme arabique aux encres bleue ou verte n'est pas avantageuse ou du moins nécessaire.

3. *Encre rouge.* On possède déjà d'assez bonnes formules pour la préparation des encres rouges; mais je crois devoir, en faveur de ceux qui ne les connaissent pas, leur indiquer ici un mode de fabrication usuel.

On prend 24 grammes de cochenille en poudre, 48 gr., de carbonate de potasse purifié et 500 grammes d'eau distillée, et on fait macérer ces substances pendant deux

jours dans une capsule de porcelaine. Alors on y ajoute
150 grammes d'alun ; on chauffe la liqueur jusqu'à ce qu'il
ne se dégage plus d'acide carbonique, on la filtre à travers
le papier et on lave le sel qui reste sur le filtre avec 48 gr.
d'eau distillée. Enfin , pour éviter que l'encre ne moisisse,
on y ajoute 32 gram. d'alcool. Au bout de quelque temps
on peut , par chaque 500 grammes, y ajouter encore 25 gr.
de gomme arabique.

Quelque empirique que paraisse cette formule, elle n'en
fournit pas moins une excellente préparation qui, quand
on supprime la gomme, peut servir très utilement à colorer
des liqueurs, à préparer des pommades rouges , etc.

Encre jaune.

Prenez du suc exprimé des fleurs récentes de safran,
c'est-à-dire , des filets ou étamines jaunes de la fleur, ou,
à leur défaut, du safran sec, que vous broyerez avec pareille quantité d'orpiment de la plus belle couleur que
vous pourrez trouver , dans suffisante quantité d'eau gommée. Mêlez bien le tout dans une bouteille de verre que
vous boucherez exactement, et le faites infuser pendant
plusieurs jours ; vous aurez une encre d'une belle couleur
jaune.

On peut encore employer, pour faire cette encre, la
graine d'Avignon ou bien la gomme-gutte , et les préparer
comme il a été dit ci-dessus.

Encre d'or.

Prenez des feuilles d'or ; ajoutez-y assez de miel blanc
pour en faire, sur une pierre à broyer, une pâte ni trop
épaisse , ni trop claire. Broyez cette pâte avec la molette,
de même qu'on broye les couleurs, jusqu'à ce que l'or soit
réduit dans la plus grande division possible. Rassemblez
alors cette pâte avec le couteau de peintre ; mettez-la dans
un grand bol à café en faïence ou en porcelaine, et versez-
y à plusieurs reprises de l'eau bouillante pour faire dissoudre le miel ; on décante l'eau reposée et l'or se rassemble
par son propre poids au fond du vase. Votre or étant ainsi
préparé, faites sécher la poudre qui restera au fond, et qui
sera très brillante.

Lorsque vous voudrez vous en servir pour écrire, ou
pour encadrer des dessins, vous la délayerez dans une dis-

solution de gomme arabique ; et dans cet état vous pourrez faire usage de votre encre. Quand votre écriture sera sèche, vous la polirez avec la dent de loup.

CHAPITRE III.

ENCRES A MARQUER LES TOILES ET LE LINGE.

Encre pour écrire sur la toile, sur les étoffes et sur le papier.

Faites bouillir dans une suffisante quantité de vinaigre blanc, le plus concentré qu'on pourra se procurer, 30 gr., (1 once) de noix de galle concassées et une fois autant de limaille de fer. Quand vous aurez fait évaporer à petit bouillon environ la moitié de la liqueur, vous passerez le reste et le garderez pour l'usage. On peut ajouter à cette composition un peu de gomme arabique.

Telle était l'ancienne formule dont on se servait chez nos pères pour marquer le linge ; elle avait l'inconvénient de donner une liqueur qui au bout d'un certain temps détruisait la partie sur laquelle on l'avait appliquée, mais les progrès de la chimie ont fourni des moyens infiniment préférables.

Encre noire à marquer le linge de Geiseler.

On fait dissoudre 4 grammes du meilleur indigo réduit en poudre, dans 16 grammes d'acide sulfurique fumant de Nordhausen, on étend la solution de 250 grammes d'eau, et on ajoute peu à peu de la limaille de fer jusqu'à complète saturation de l'acide. On décante la liqueur pour en séparer la limaille en excès et non dissoute et on mélange avec une décoction de 120 grammes de noix de galle et 60 grammes de bois de campêche réduite à 750 grammes. Enfin on ajoute au tout la quantité de couperose nécessaire pour avoir la teinte noire qu'on désire, et on épaissit avec 30 grammes de gomme arabique et 15 grammes de sucre.

Encre de Close.

Copal en poudre. . .	1 gr.	03
Noir de fumée. . . .	0	15
Indigo	0	03
Huile de lavande. . .	10	60

On fait dissoudre le copal à une douce chaleur dans l'huile de lavande et l'on y ajoute le noir et l'indigo.

Encre de Hausman.

On fait dissoudre de l'asphalte dans 4 parties d'essence de térébenthine, on broye avec cette solution du noir de fumée ou de la plombagine (carbure de fer) en poudre très fine, et on amène à la consistance propre à imprimer avec des caractères ou une estampille : on peut remplacer avec avantage le noir de fumée par du crayon noir à dessiner réduit en poudre très fine. Le vernis des imprimeurs mêlé à de l'oxyde de fer et de la sanguine, produit une encre assez résistante : on se sert aussi du crayon noir ou de la sanguine seuls.

Encre à marquer avec l'or.

On fait dissoudre de l'étain fin dans l'acide chlorhydrique, d'un autre côté on fait aussi dissoudre de l'or dans l'eau régale, (acide hydrochloro-nitrique). Ces deux préparations obtenues on imprègne la partie du linge sur laquelle on veut écrire avec la solution de proto-chlorure d'étain et on écrit avec la solution d'or. Ces caractères écrits apparaissent bientôt avec une belle couleur pourpre due à la formation du précipité dit de Cassius qui se forme par la réaction du proto-chlorure d'étain sur l'hydrochlorate d'or.

Encre à marquer au manganèse.

On prend :
Sulfate de manganèse.
Gomme arabique,
Sous-carbonate de potasse.

On dissout le sulfate de manganèse dans l'eau ; à cette solution on ajoute celle de gomme arabique amenée à consistance de sirop ; on écrit avec ces deux liqueurs mélangées et l'on verse sur l'écriture de la solution de sous-carbonate de potasse.

Dans cette opération la potasse décompose le sulfate de manganèse et précipite sur le linge l'oxyde de ce métal, qui au contact de l'air noircit et reste fixe sur la fibre.

En 1805, Hausman avait déjà proposé l'emploi de l'acétate de manganèse pour la fabrication d'une encre à marquer le linge.

Encre à marquer de Henry.

On met dans une chaudière en fer avec une suffisante quantité d'eau, 2 parties de sulfate de fer et une d'alun ordinaire, on fait fondre à chaud et on y verse ensuite de l'extrait de saturne (sous acétate de plomb), jusqu'à ce qu'il ne se forme plus de précipité. Quand la liqueur de la chaudière a suffisamment précipité on la laisse déposer, on décante le liquide clair qu'on expose à l'air dans une grande terrine en ayant soin de remuer souvent. Le liquide s'évapore peu à peu et s'épaissit, et lorsqu'il a pris l'apparence d'une gelée molle on l'enferme dans des bouteilles. Si la matière avec le temps devient dure on la délaie avec un peu de vinaigre, ou mieux dans une petite quantité de la liqueur qu'on prépare comme ci-dessus, mais sans y ajouter d'alun.

Pour employer cette substance à marquer on l'étale sur un tampon, et on applique dessus le cachet ou l'estampille qui porte le chiffre ou les lettres, et on frappe sur le linge qui doit recevoir l'empreinte. Le tissu n'en est nullement altéré et peut, suivant l'inventeur, supporter les plus fortes lessives sans que les lettres s'effacent.

Encre noire anglaise, de Clark.

M. Sonini a publié la composition de cette encre, qui a été ainsi modifiée en Angleterre.

Liqueur N° 1.

On prend :

Sous-carbonate de soude. . . . 16 gram.
Eau de rivière. 128
Gomme arabique. 12

On fait dissoudre la gomme dans l'eau, puis on ajoute le sous-carbonate de soude qui s'y dissout avec facilité.

Liqueur N° 2.

Vous prenez, d'autre part :
Nitrate d'argent.   .   .   .   .   . 10 gram.
Gomme arabique.   12
Eau distillée.   24

Et vous faites dissoudre la gomme dans l'eau, puis vous ajoutez le nitrate d'argent qui s'y dissout très facilement.

Les liqueurs préparées doivent être conservées dans des flacons séparés.

Lorsqu'on veut s'en servir, on agit de la manière suivante :

On prend la liqueur n° 1 avec une petite éponge, et on mouille le linge avec cette éponge à l'endroit où l'on veut écrire. Ensuite on sèche l'endroit mouillé en se servant d'un fer à repasser, qui unit la place qui a été mouillée.

Lorsque la place est ainsi séchée et polie, on écrit dessus avec une plume d'oie qui a été trempée dans la liqueur n° 2.

Si l'on ne veut pas écrire, on peut employer une petite plaque d'argent, découpée à jour et portant les écritures nécessaires.

Avant que le linge ne soit lavé, on l'expose aux rayons du soleil ou à la lumière d'un beau jour, afin de faire noircir le nitrate d'argent. Cette encre s'enlève, au besoin, par l'action du chlore ou de la vapeur d'ammoniaque.

Autre composition anglaise.

Nitrate d'argent.   .   .   .   .   . 30 gram.
Gomme arabique.   30
Eau distillée.   125
Noir de fumée.   8

Mêlez intimement ces substances. En remplaçant la gomme par la même quantité d'encre de Chine, on a une couleur plus foncée.

Encre à marquer au vert de vessie.

Liqueur alcaline. Sous-carbonate de soude.   60 gr.
               Eau distillée.   .   .   . 125
Matière colorante. Nitrate d'argent fondu
               (pierre infernale).   .   . 12

Gomme arabique pulvérisée.   15
Vert   de   vessie.   .   .   .   25
Eau distillée.   .   .   .   60

On dissout le nitrate d'argent et le vert de vessie dans l'eau, et l'on y ajoute la gomme arabique en poudre. On conserve cette préparation dans un flacon bien bouché.

On se sert de la solution alcaline pour mouiller la place sur laquelle on veut écrire, on laisse sécher ; on écrit ensuite dessus avec une plume trempée dans la matière colorante.

Encres à marquer le linge de Redwood et Soubeiran.

Les encres à marquer le linge sont aujourd'hui très multipliées, celle le plus généralement employée consiste :

1° En une solution de nitrate d'argent dans l'eau distillée, qu'on épaissit avec de la gomme et colore diversement. C'est avec cette liqueur qu'on écrit sur le linge.

2° En une solution de carbonate de soude appelée mordant dans laquelle on plonge les endroits du linge sur lesquels on veut écrire.

On a cherché à éviter l'emploi de deux liqueurs nécessaires dans ce procédé, qui rend l'opération lente, et à n'employer qu'un seul liquide dont on fait usage comme de l'encre ordinaire, sans avoir besoin de mordancer le tissu.

Pour qu'une encre de ce genre puisse donner des résultats satisfaisants, il faut qu'elle remplisse les conditions suivantes :

1° Elle doit couler aisément de la plume, sans toutefois s'en détacher trop aisément et sans faire ce qu'on appelle des pâtés.

2° Elle ne doit pas détruire le tissu sur lequel on l'applique.

3° Enfin exposée à la lumière et à la chaleur elle doit rester parfaitement noire et le trait bien net.

Formule de Redwood.

La composition suivante doit, d'après l'inventeur, remplir les conditions indiquées ci-dessus.

Nitrate d'argent.   .   .   .   .   31 grammes.
Carbonate de soude.   .   .   .   50
Acide tartrique.   11

Ammoniaque liquide   quantité suffisante.
Sel d'oseille. . . . . . 15 grammes.
Sucre blanc. 16
Gomme arabique en poudre. 50
Eau distillée.   quantité suffisante.

Le nitrate d'argent et le carbonate de soude sont chacun séparément dissous dans l'eau distillée. On mélange les deux dissolutions, on rassemble le précipité sur un filtre et on le lave. Ce précipité bien lavé et encore humide est mélangé dans une capsule de porcelaine ou de verre avec l'acide tartrique, et broyée jusqu'à ce que toute effervescence ait cessé. On ajoute alors assez d'ammoniaque pour dissoudre tout le tartrate d'argent qui s'est formé par le sel d'oseille, le sucre et la gomme pulvérisée ; enfin assez d'eau distillée pour que le tout forme 200 grammes.

Ainsi qu'on peut le voir cette composition diffère principalement de celle ordinaire par l'emploi du tartrate d'argent au lieu du nitrate.

Encre à marquer le linge, de Soubeiran.

Voici une formule qui ne paraît le céder en rien à la précédente. On prend :

Nitrate d'argent cristallisé. . . 8 parties.
Nitrate de cuivre cristallisé. . . 3
Carbonate de soude. 4
Ammoniaque liquide. . . . 100

On fait dissoudre et on conserve dans des bouteilles bien fermées. On fera bien d'épaissir avec un peu de gomme arabique pour donner du corps avant d'appliquer avec une plume ordinaire.

Composition propre à marquer le linge, de M. Dunand.

Cette composition n'a besoin d'aucun autre apprêt pour être employée ; il suffit d'avoir un petit tampon sur lequel on étend un peu du liquide, et avec un cachet en bois, fixe ou mobile, on imprime sur le linge et on laisse sécher.

Composition de la liqueur :

Nitrate d'argent. . . . 50 grammes.
Gomme arabique. . . . 30

Eau distillée.   125
Noir de fumée.   .   .   .   8

Mêlez intimement ces substances.

En remplaçant la gomme par la même quantité d'encre de Chine on a une couleur encore plus foncée.

Encres à marquer le linge de J. Guillier.

Jusqu'à présent les diverses encres composées pour servir à marquer le linge n'ont atteint qu'imparfaitement le but.

Les unes ne présentaient que des traces jaunâtres; les autres, plus noires, disparaissaient en partie et quelquefois même en totalité au bout de plusieurs lessives.

Enfin d'autres compositions, divisées, obligeaient à deux opérations distinctes qui présentaient une foule d'inconvénients qu'on conçoit facilement, soit à l'égard des erreurs ou des oublis possibles, soit pour le soin que cela exigeait, soit pour le temps que l'opération demandait.

C'est frappé de ces considérations et pour répondre à un besoin qui se fait sentir dans le commerce et dans toutes sortes d'industries, comme aussi dans les hôpitaux, les administrations civiles et militaires, que nous avons cherché à composer une encre qui n'eût aucun des inconvénients de celles connues, et qui offrît toute espèce de facilité et de succès dans son application.

Nous allons donner ici plusieurs formules qui représentent autant de perfectionnements dans la fabrication des encres à marquer, ainsi d'ailleurs qu'il sera facile de voir par la différence de leurs résultats divers.

Formule N° 1.

Nitrate d'argent.   .   .   .   11 grammes.
Eau distillée.   85
Gomme arabique en poudre.   20
Sous-carbonate de soude.   .   22
Ammoniaque.   20

Faites dissoudre les vingt-deux parties de sous-carbonate de soude dans les quatre-vingt-cinq parties d'eau; mettez dans un mortier de marbre la gomme, et versez petit à petit la dissolution de sous-carbonate en remuant avec le pilon pour la faire dissoudre.

D'un autre côté, vous avez fait dissoudre les 11 parties de nitrate dans les vingt parties d'ammoniaque liquide.

Mélangez ensemble ces deux dissolutions; vous mettez le tout dans un matras et vous l'exposez à la chaleur; la matière qui était d'un gris sale et demi-coagulée, devient très claire en se brunissant; et, lorsque vous êtes arrivé au bouillon, elle devient très foncée et d'une consistance limpide qui coule facilement sous la plume.

Cette encre faite à froid comme les suivantes, ne forme aucun dépôt, s'épaissit comme on le voit par l'ébullition qui, outre la couleur foncée qu'elle donne à l'encre, lui fait dégager des vapeurs ammoniacales qui atténuent quand on s'en sert l'odeur de l'ammoniaque qui entre dans sa composition :

Formule. N° 2.

Nitrate d'argent. . . .	5 grammes.
Eau.	12
Gomme.	5
Sous-carbonate de soude. .	7
Ammoniaque.	10

Mélangez comme pour le n° 1; mettez le tout dans un matras, et évaporez jusqu'à ce que la liqueur ait acquis une teinte d'un brun très foncé, ce qui a lieu lorsque la liqueur a perdu environ 5 pour 100 de son volume : une évaporation plus forte amènerait un précipité, à cause des vapeurs qui entraîneraient principalement avec elles trop d'ammoniaque.

C'est alors que la liqueur est excellente pour marquer, que les caractères tracés sont noirs, et que cela forme une encre convenable surtout pour l'emploi du timbre.

Formule N° 3.

Nitrate d'argent. . . .	17 grammes.
Eau.	85
Gomme.	20
Sous-carbonate de soude. .	22
Ammoniaque.	42
Sulfate de cuivre. . . .	55

Faites d'abord dissoudre vos vingt-deux parties de sous-carbonate de soude dans vingt-cinq parties d'eau, et les dix-sept de nitrate dans les quarante-deux parties d'ammoniaque.

Cela fait, mettez dans un mortier de marbre les vingt parties de gomme avec les soixante parties d'eau qui vous restent ; vous remuez le tout avec le pilon et vous y versez la dissolution de sous-carbonate, puis mettez le tout dans votre dissolution de nitrate. Vous terminez en y ajoutant les trente-trois parties de dissolution de sulfate de cuivre.

La plus grande quantité d'ammoniaque s'explique par la présence du sulfate à dissoudre.

D'un autre côté, il y entre une plus grande quantité d'ammoniaque.

On pourrait bien remplacer le sulfate de cuivre par le nitrate d'argent ; mais, comme le sulfate est plus foncé, il faudrait une plus grande quantité de nitrate que de sulfate.

Cette composition diffère des autres en ce qu'elle a une teinte bleue au lieu d'un brun foncé qu'ont celles où il n'y a pas de dissolution de cuivre.

On conçoit que toutes ces quantités relatives données comme formules, destinées à produire des encres convenables à leur emploi, peuvent varier suivant qu'on voudra avoir une encre plus ou moins épaisse, d'après l'usage qu'on en fera, et son application sur telle ou telle nature d'étoffe, faisant remarquer toutefois, que si, d'une part, la présence de l'ammoniaque dans ces compositions agit comme dissolvant, et permet de composer une encre à marquer le linge sans l'emploi d'une préparation première, d'autre part l'évaporation d'une partie de l'ammoniaque par la chaleur donne à la liqueur une couleur foncée qui permet de voir de suite les caractères en noir.

Enfin la liqueur bouillie graisse moins et pénètre ainsi davantage en s'étalant mieux sur le linge sans y former de bavures.

Quant à la manière de s'en servir soit avec une plume, soit avec un timbre, on suivra l'application ordinaire, c'est-à-dire qu'on passera un fer chaud sur les caractères tracés, afin de les mieux faire pénétrer dans l'étoffe.

Encre de cachou propre à marquer le linge, par M. le docteur Hanle.

En réfléchissant aux nombreuses recettes qui ont été

proposées pour préparer une encre à marquer le linge, et aux inconvénients que chacune d'elles paraît présenter, j'ai pensé qu'il serait utile d'indiquer un autre moyen qui me paraît économique et fournit une encre qui se distingue de celle d'argent et autre, non-seulement en ce qu'elle ne fait éprouver aucune altération à la fibre, mais est tellement imprégnée dans le linge, que ni les lessives de potasse, ni l'acide tartrique, ni les acides sulfurique ou chlorhydrique étendus ne peuvent l'enlever. Voici du reste sa préparation, qui est fondée sur les propriétés colorantes du cachou.

Préparation du cachou.

Pour préparer le cachou, on procède ainsi que je vais l'expliquer. On prend :

Eau.	36 grammes.
Sulfate de cuivre (vitriol bleu). .	20
Cachou grossièrement concassé. .	400
Acide sulfurique.	8

On commence par faire dissoudre le vitriol bleu dans une bassine de cuivre dans l'eau et sur un feu de charbon, en remplaçant à mesure l'eau qui s'évapore, puis on introduit le cachou peu à peu et en agitant continuellement ; on tient sur le feu jusqu'à ce que le tout soit fondu en une masse homogène, et on ajoute l'acide sulfurique par petite portion et en remuant toujours ; on laisse encore quelque temps sur le feu jusqu'à ce que la masse ne dégage plus une odeur particulière, puis on verse sur une pierre plate. C'est ce que je nommerai cachou préparé, qu'on peut conserver pour en faire de l'encre.

Préparation de la dissolution de cachou. On prend 250 grammes de cachou préparé, qu'on divise en petits morceaux et qu'on dépose dans une capsule en cuivre avec 4 litres d'eau ; on porte à l'ébullition, qu'on soutient jusqu'à ce que le liquide soit à peu près réduit à moitié, alors on enlève du feu, on ajoute par petites portions et peu à peu de la craie en poudre, et lorsque toute effervescence a cessé on agite et on ajoute encore 8 grammes d'alun en poudre. Au bout de quelques minutes on écume, on décante dans un vase plat et on abandonne au repos : cependant il se forme un dépôt qu'on sépare en filtrant à travers une grosse toile et en recevant dans une bouteille qu'on bouche bien, la liqueur qui prend alors le nom *d'encre de cachou*, et qu'on réserve pour l'usage. Il y en a à peu près un litre qu'on peut conserver ainsi pendant une année dans un endroit frais sans qu'elle perde de ses propriétés, ou qu'il s'y forme des moisissures. Quand on veut la conserver plus longtemps, dans le cas où on ne voudrait en faire l'application que par petites parties, il faut la porter à l'ébullition, en remplir pendant qu'elle est bouillante des fioles d'une capacité de 50 à 60 grammes bien bouchées, coiffer aussitôt avec une vessie humide ficelée, et plonger les fioles encore quelques minutes dans l'eau chaude. Lorsque après le refroidissement la vessie est séchée, on la recouvre avec un vernis à la résine Damara.

De l'encre de cachou et de son application. On peut, dans l'application de cette encre, suivre deux manières différentes également avantageuses.

1° On l'épaissit de manière à ce qu'on puisse faire usage de lettres découpées dans des feuilles de laiton pour imprimer l'encre sur le linge;

2° Ou bien on ne lui donne que la quantité de gomme arabique nécessaire pour pouvoir, avec une plume ordinaire, écrire le nom ou tracer les caractères, lettres ou chiffres sur le linge préalalablement tendu et lissé. Ce linge pour pouvoir écrire dessus, doit en effet avoir été d'abord humecté avec une eau faible de gomme ou de sucre, et être lissé après la dessiccation. Toutefois, nous croyons qu'il est préférable d'éviter d'humecter ou de tremper le linge dans ces dissolutions.

Dans le premier moyen indiqué ci-dessus on épaissit l'encre avec partie égale en poids de dextrine, et quand on se sert par exemple, de 16 grammes de chaque ingrédient, on peut écrire un même nom plusieurs centaines de fois sur du linge. Ce mélange a besoin d'être préparé frais chaque fois qu'on veut s'en servir, attendu qu'il ne se conserve pas au-delà de 15 jours. Quand on en veut faire l'application on l'étend avec un couteau sur du papier collé qu'on a posé sur une feuille de papier gris ou de papier à filtrer, puis on imprime la lettre ou le chiffre à plusieurs reprises, jusqu'à ce que toute la portion colorée du caractère ait complétement pris l'encre. Quand on s'est assuré, par quelques épreuves, qu'il en est ainsi, on transporte cette impression sur le linge, sur lequel on se contente de presser légèrement. Il est utile de laisser déposer pendant quelques instants, afin que la masse ait le temps de pénétrer dans les fibres du fil, mais il faut se garder d'opérer une forte pression, attendu que l'encre s'étalerait et maculerait.

Dans l'autre cas, c'est-à-dire où on veut écrire les caractères avec une plume, on n'ajoute que le sixième en poids de gomme à l'encre cachou. Cette encre épaissie peut, en la chauffant et la couvrant d'une vessie, se conserver tout aussi bien que la précédente pendant une année.

Après que les caractères, soit imprimés, soit écrits, ont séché lentement, il faut les mordancer avec une dissolution de chromate rouge de potasse. A cet effet on prend 30 gr., d'encre, 8 grammes de chromate rouge de potasse pulvérisé qu'on partage en deux portions; 4 grammes sont dissous dans 1 litre d'eau bouillante et la solution maintenue chaude. On plonge la portion du linge qui a été imprimée, ou sur laquelle on a écrit, dans cette dissolution, et après quelques minutes le mordançage est terminé; les caractères qu'il était auparavant difficile d'apercevoir sur le linge, à cause de leur faible nuance jaune, ont pris alors une couleur rouge qui a pénétré jusqu'à sur l'envers du tissu. Chaque pièce est mordancée à part, et lorsque la quantité du linge est assez considérable pour épuiser le sel de chrôme, ce qu'on reconnaît à la décoloration de la liqueur et à la teinte pâle des caractères, on ajoute les 4 autres grammes de chromate de potasse avec la quantité d'eau nécessaire.

Le linge, au moment où on le plonge, prend une nuance jaunâtre, mais on le laisse sécher, puis on le lave aussitôt dans une eau de son et on le rince à l'eau pure. Les caractères possèdent, comme il a été dit, une belle couleur brun-rouge, qu'il n'est pas facile de faire disparaître, surtout si, lors de l'impression ou quand on écrit, on a eu le soin de faire pénétrer l'encre dans les fils du tissu. Toutefois, si on compare du linge sur lequel on a imprimé avec celui où on a écrit à la plume, on trouve que ce dernier présente une couleur plus intense, surtout lorsque avant le lissage le linge n'a été imbibé avec aucun liquide.

Encre à marquer le linge de Read.

1° Cette encre qu'on peut appliquer à la plume métallique à l'aide d'un peu de chaleur, se prépare en pilant dans un mortier du nitrate d'argent et un équivalent d'acide tartrique. On ajoute alors de l'eau et on neutralise l'acide nitrique mis en liberté avec de l'ammoniaque qui dissout le tartrate d'argent qui s'est formé, puis on ajoute de la gomme et une matière colorante et de l'eau comme à l'ordinaire.

2° On prend l'encre ci-dessus et on y ajoute une solution ammoniacale d'un oxyde ou d'un sel d'or, tels que le pourpre de Cassius, l'hyposulfite d'or, l'iodure ammoniacal d'or et le periodure ammoniacal du même métal.

Ces deux derniers sels sont nouveaux, on les obtient en dissolvant de l'iode dans de l'ammoniaque avec concours de la chaleur. C'est une opération qu'il faut conduire avec prudence pour prévenir la formation du composé explosif de triiodure d'or. Cette solution iodique dissout très rapidement l'or.

Encre rouge pourpre pour marquer le linge.

La base de cette encre est le bichlorure de platine. Avant de s'en servir, on trempe le linge dans une dissolution faite avec :

Carbonate de soude. . . .	⎫ 12 gr.
Gomme arabique.	⎭
Eau.	45

On fait sécher et on polit ; ensuite on prend de la dissolution de platine formée de

Bichlorure de platine. . .	4 grammes.
Eau distillée.	64

Et on écrit sur la partie imprégnée. Lorsque l'écriture est devenue sèche, on suit chaque ligne avec une plume trempée dans une dissolution formée de :

Protochlorure d'étain . . .	4 grammes.
Eau distillée	64

Aussitôt les caractères prennent une belle couleur pourpre, parfaitement inaltérable et résistant au savon.

Encre violette à marquer le linge, par M. Guillier.

Cette encre se compose de :

> Chlorure d'or. . . . . . 3 grammes.
> Eau distillée. 27
> Hydrochlorate de protoxyde d'é-
> tain en dissolution. . . 1
> Gomme arabique. 6

On peut faire varier ces proportions.

Vernis rouge à marquer le linge.

On prend, pour préparer ce vernis rouge, 1 partie de cinabre rouge très fin et 1/2 partie de sulfate de fer (vitriol vert) finement pulvérisé, on broie soigneusement ces deux matières ensemble avec du vernis à l'huile de lin, puis on étend sur une planchette une toile sur laquelle on dépose du vernis. Alors, avec un cachet, on prend de ce vernis sur la toile et on imprime aussitôt sur le linge. Pour marquer en vert, on se sert du cinabre vert, et, en bleu, de l'indigo ou du bleu de Prusse. Le procédé est le même. Ces couleurs, après qu'on les a laissées suffisamment sécher, sont à peu près insolubles.

CHAPITRE IV.

—

DE L'ENCRE NOIRE, ROUGE ET AUTRES COULEURS, A L'USAGE DE L'IMPRIMERIE ET DE LA LITHOGRAPHIE.

—

ARTICLE PREMIER.

Encres typographiques et d'impression en taille-douce, Encre noire, Encre française.

La composition de l'encre dont on fait usage pour l'impression des livres, est un mélange d'huile de lin convertie en vernis par la cuisson, et de noir que l'on tire de la poix-résine.

Le vaisseau dans lequel on veut faire ce vernis d'imprimerie, peut être de fer, de fonte ou de cuivre. Quand il est fait avec ce dernier métal, on lui donne assez ordinairement la forme de poire, et il en retient le nom dans les fabriques; les autres sont tout simplement de la forme d'une chaudière ordinaire.

De quelque matière que soit le vaisseau, et quelque figure qu'on lui suppose, il doit avoir un couvercle de cuivre, avec lequel on puisse à volonté le couvrir très exactement. Le corps de ce vaisseau doit être garni vers le milieu de deux anneaux de fer plus élevés que le niveau du couvercle, qui a aussi le sien. On passe dans ces anneaux un ou deux bâtons, au moyen desquels deux hommes peuvent sans risque porter et transporter ce vaisseau, lorsqu'on veut le retirer du feu, ou l'y remettre.

Afin de se précautionner contre les accidents qui pourraient arriver, il est prudent, lorsqu'on veut faire ce vernis, de choisir un lieu spacieux, tel qu'un jardin, et même d'éviter le voisinage des bâtiments.

Si, par exemple, on veut faire cinquante kilogrammes (100 livres) de vernis, réduction faite, il faut mettre dans votre poire ou chaudière cinquante-cinq ou cinquante-six kilogrammes (110 ou 112 livres) d'huile de lin; observez que cette quantité ou que celle que peut contenir votre vaisseau ne le remplisse qu'aux deux tiers au plus, afin de laisser un espace suffisant à l'huile, qui s'élève à mesure qu'elle s'échauffe.

Votre vaisseau étant en cet état, bouchez-en très exactement l'ouverture, et portez-le sur un feu clair que vous entretiendrez tel pendant l'espace de deux heures. Ce premier temps donné à la cuisson, si votre huile est enflammée, comme cela doit arriver, ôtez votre poire de dessus le feu, et garnissez le couvercle de plusieurs morceaux de vieux linges ou étoffes imbibés d'eau. Laissez brûler quelque temps votre huile, à laquelle il faut procurer ce degré de chaleur, quand elle ne le prend pas par elle-même, mais avec ménagement et à différentes reprises. Ce feu étant ralenti, découvrez votre vaisseau avec précaution, et remuez beaucoup votre huile avec une cuillère de fer. Cet exercice ne peut être trop répété; c'est de lui que dépend en très grande partie la bonne cuisson. Lorsque votre huile aura été suffisamment remuée, remettez le vaisseau sur un feu moins vif, et aussitôt que l'huile reprendra de la chaleur, jetez-y un 1/2 kilogramme (1 livre) de croûtes de pain sèches et une douzaine d'oignons, afin d'accélérer le dégraissement de l'huile. Recouvrez votre vaisseau, et laissez cuire à très petit feu pendant trois heures consécutives, ou environ. Votre huile doit parvenir à un degré parfait de cuisson dans cet espace de temps. Pour le connaître et vous en assurer, vous tremperez la cuillère de fer dans l'huile, et vous ferez égoutter ce que vous en aurez puisé sur une ardoise ou sur une tuile; si cette huile refroidie est gluante et file à peu près comme le ferait une faible glu, c'est une preuve évidente qu'elle est à son point, et dès lors elle change son nom d'huile en celui de *vernis*.

Le vernis, ainsi obtenu, doit être transvasé dans des vaisseaux destinés à le conserver, mais avant de lui laisser perdre sa chaleur, il faut le passer à plusieurs reprises dans un linge de bonne qualité, ou dans une chausse faite exprès, afin de le clarifier parfaitement.

Il faut avoir soin de se procurer deux sortes de vernis, l'un faible pour le temps froid, l'autre plus fort pour le temps chaud. Cette précaution est d'autant plus indispensable que souvent on se trouve obligé de modifier ou d'accroître la qualité de l'un par celle de l'autre.

On peut faire le vernis faible au même feu que le vernis fort, mais dans un autre vaisseau ; on peut aussi employer pour ce vernis l'huile de lin, parce qu'à la cuisson elle prend une couleur moins brune et moins chargée que celle de noix, ce qui la rend plus propre à l'encre rouge dont nous parlerons plus loin.

Ce vernis faible, pour le faire parfait, exige les mêmes soins et les mêmes précautions que le vernis plus fort; toute la différence consiste à ne lui donner qu'un moindre degré de feu, mais ménagé de telle sorte, néanmoins, qu'en lui faisant acquérir proportionnellement les bonnes qualités du vernis fort, il soit moins cuit, moins épais et moins gluant que lui.

Si l'on veut faire ce demi vernis de la même huile de lin dont on se sert pour le vernis fort, ce qui n'est qu'un petit inconvénient lorsqu'il s'agit de l'employer pour faire l'encre rouge, on peut s'épargner la peine de le faire séparément et de différente huile, en saisissant l'occasion de la première cuisson de l'autre à l'instant qu'on lui reconnaîtra les qualités requises, pour en retirer la quantité que l'on désirera, et même de celle qui est sur le feu.

Les huiles de lin et de noix sont les seules propres à faire le bon vernis d'imprimerie ; celle de noix mérite la préférence à tous égards, mais elle est d'un prix plus élevé. Quant aux autres sortes, elles ne valent rien, attendu qu'on ne peut les dégraisser parfaitement, et qu'elles font maculer l'impression en quelque temps qu'on la batte, et la font jaunir à mesure qu'elle vieillit. Dans quelques imprimeries, cependant, on use de celle de navette ou de chanvre, mais seulement pour imprimer des livres de peu d'importance. Cette économie est si médiocre, que l'on peut assurer que c'est employer bien mal à propos de mauvaises marchandises.

Il y a des imprimeurs qui croyent qu'il est nécessaire de mettre de la térébenthine dans l'huile pour la rendre plus forte et plus siccative : la térébenthine la rend effectivement telle ; mais il en résulte plusieurs inconvénients. La principale difficulté est de la faire cuire à un tel degré qu'elle n'épaississe pas trop le vernis, ce qu'il est très rare de pouvoir éviter; alors le vernis devient si fort et si épais, qu'il effleure le papier sur la forme, et la remplit en fort peu de temps. Si la térébenthine est cuite à son point, elle forme une pâte assez liquide, mais remplie de petits grains durs et comme de sable, qui ne se broyent jamais.

La térébenthine, ainsi que la litharge, dont quelques imprimeurs font usage, et dont ils faisaient autrefois un secret précieux, ont encore le défaut de s'attacher si fort au caractère, qu'il est presque impossible de bien laver les formes, quelque chaude que soit la lessive ; d'ailleurs elles sèchent et durcissent si promptement, qu'outre qu'elles nuisent à la distribution des lettres, tant elles sont collées les unes contre les autres, elles en remplissent encore l'œil au point qu'il n'y a plus d'espérance de le vider, ce qui met un caractère qui a peu servi, dans l'état fâcheux d'être jeté à la fonte.

Dans le cas où, par défaut de précaution, on emploierait, pour faire ce vernis, de l'huile nouvellement faite, la térébenthine est d'un usage forcé, parce qu'alors il est inévitable que l'impression ne macule pas. Dans cette conjoncture, on peut mettre la dixième partie de térébenthine que l'on fera cuire séparément dans le même temps, en lieu pareil que le vernis, et avec les mêmes précautions. On la fera bouillir pendant deux heures environ. Pour reconnaître son degré de cuisson, on y trempe un morceau de papier, et si la thérébentine se brise et se réduit en poussière, sans qu'il reste rien d'attaché sur le papier, en le frottant dans les mains aussitôt qu'il sera sec, la térébenthine est assez cuite. Retirez alors votre vernis de dessus le feu, et versez-y la thérébentine en remuant beaucoup avec la cuillère de fer. Remettez ensuite le tout sur le feu, et laissez-le chauffer pendant une demi-heure au plus, sans cesser de remuer, afin que le vernis se mélange parfaitement avec la térébenthine. Le moyen de se dispenser de l'usage de la térébenthine et de la litharge, et de se garantir des inconvénients qu'elles occasionnent, est de n'employer que de l'huile très vieille.

Nous avons dit plus haut que le noir que l'on mélange avec le vernis pour former l'encre d'imprimerie, se tirait de la poix-résine. Ce noir résulte de la fumée de cette sorte de poix que l'on brûle dans un petit bâtiment fait exprès, et que l'on nomme *sac à noir*. Nous allons en donner la description, avec la méthode d'extraire ce noir, telle qu'elle est employée dans les fabriques.

Le sac à noir est construit avec quatre petits soliveaux de 10 ou 12 centimètres d'équarrissage, et de 1 mètre 50 à 1 mètre 60 de hauteur, soutenus de chaque côté par deux traverses ; ses dimensions en tous sens dépendent de la volonté de celui qui le fait construire. Le dessus est un plancher bien joint et bien fermé ; le fond ou rez-de-chaussée, pour plus grande sûreté et propreté, doit être ou pavé ou carrelé. Vous réservez à cette espèce de petite chambre une porte basse pour entrer et sortir ; vous tapissez tout le dedans de cette chambre d'une toile bonne, neuve et serrée, le plus tendue qu'il est possible avec des clous mis à la distance de deux pouces les uns des autres ; cela fait, vous collez sur toute votre toile du papier très fort, avec l'attention de bien calfeutrer les jours que vous apercevrez, afin que la fumée ne puisse sortir par aucun endroit. Un sac à noir, ainsi tapissé, est suffisant ; mais il est d'une plus grande durée, et se trouve bouché beaucoup plus exactement, quand il est garni avec des peaux de mouton bien tendues.

C'est dans ce sac que se brûle la poix-résine dont on veut tirer le noir de fumée. Pour y parvenir, on prépare une certaine quantité de poix-résine, en la faisant bouillir et fondre dans un ou plusieurs pots, suivant la quantité que l'on veut brûler. Avant qu'elle soit refroidie, on y pique plusieurs cornets de papier, ou des mèches soufrées ; on pose les pots avec ordre au milieu du sac ; enfin on met le feu à ces mèches, et on ferme exactement la petite porte en se retirant.

Lorsque la poix-résine sera consummée, la fumée se trouvera attachée à toutes les parties intérieures du sac à noir ; et quand ce sac sera refroidi, vous irez couvrir les pots, et vous refermerez la porte ; puis, frappant avec des baguettes sur toutes les faces extérieures, vous ferez tomber tout le noir de fumée ; alors vous le ramasserez, et vous le mettrez dans un vaisseau de terre, ou un tonneau. Comme il arrive qu'en le ramassant avec un balai, il s'y mêle presque toujours quelques ordures, vous aurez la précaution de mettre au fond du vaisseau dans lequel vous jetterez votre noir, une certaine quantité d'eau ; et quand ces ordures se seront précipitées au fond, vous releverez votre noir avec une écumoire, ou au moyen de quelqu'autre précaution, et vous le mettrez alors dans un vaisseau propre à le conserver. Ce noir de fumée est, sans contredit, le meilleur que l'on puisse employer pour l'encre d'imprimerie. Il en entre soixante-seize grammes (2 onces et 1/2) sur chaque demi-kilogramme (1 livre) de vernis ; cependant c'est à l'œil à déterminer, par la teinte de l'encre, la quantité de noir qu'il convient d'employer.

Pour amalgamer le noir de fumée avec le vernis, il suffit d'avoir le soin, en les mêlant ensemble, de ne le faire qu'à différentes reprises, et de remuer le mélange le plus que l'on pourra, et de façon que le tout forme une bouillie épaisse, et qui produise une grande quantité de filaments, quand on la divise par parties.

Il est d'usage, dans quelques imprimeries, de ne mêler le noir de fumée dans le vernis que sur l'encrier d'imprimeur ; le coup-d'œil décide également de la quantité des deux matières. Il n'y a, à la composition de cette encre, aucun inconvénient, si ce n'est celui de craindre que l'on ne broie pas assez ce mélange, parce que cela demande du temps; ou que l'encre faite ainsi par de différentes mains ne soit pas d'une teinte égale dans la même imprimerie; d'où l'on doit inférer qu'il vaut mieux avoir son encre également préparée, sans se fier pour cette opération aux compagnons imprimeurs, et c'est ce que l'on observe actuellement dans presque toutes les imprimeries.

Sur les encres typographiques.

On trouve dans le *Bulletin de la Société d'encouragement* quelques détails sur la fabrication des encres typographiques, communiqués à cette Société par M. Rouget de Lisle.

On sait, dit M. Rouget de Lisle, que les encres typographiques généralement en usage en France sont composées d'huile cuite et de noir de fumée; lorsque l'huile est mal cuite ou mal dégraissée, les encres jaunissent avec le temps.

Depuis quelques années on a introduit en Angleterre de notables améliorations dans la composition de ces encres, en supprimant complétement l'huile cuite. Déjà, en 1839, l'auteur de cette communication avait proposé à plusieurs imprimeurs français une encre analogue; mais tous la rejetèrent, parce que, disaient-ils, elle était trop brillante et trop chère. Plus tard, ces mêmes imprimeurs ont fait venir d'Angleterre des encres qui leur revenaient de 12 à 24 f. le kilogramme, c'est-à-dire à des prix de moitié et du triple plus élevés que ceux des encres que l'auteur leur avait proposées cinq années auparavant.

Les fabricants anglais font entrer dans la composition de leurs encres typographiques des ingrédients qu'on n'emploie pas en France; il paraît que ce sont des résines molles et solides, des baumes, du savon jaune de résine, des savons gras, etc.

Voici une recette pour préparer les encres que les imprimeurs pourront employer avec confiance.

Trois opérations sont nécessaires pour former cette encre : 1° faire le noir convenable pour colorer suffisamment; 2° faire le meilleur choix ou le meilleur dosage d'autres ingrédients que l'huile cuite, et les mélanger assez intimement pour obtenir constamment un excipient homogène et sirupeux; 3° mélanger ou broyer cet excipient avec le noir, de manière à former une encre d'un beau noir, compacte, assez résistante au toucher, uniforme dans sa composition, ayant la propriété d'adhérer facilement et uniformément aux rouleaux, aux caractères en relief, au papier légèrement humide, sans le pénétrer, et de sécher très promptement.

Les vernis à l'huile de lin ou de noix non épurée à l'acide sulfurique sont très siccatifs et les seuls propres à faire les encres d'imprimerie, celle de noix mériterait la préférence car elle s'épaissit beaucoup moins par la cuisson, mais elle est trop chère.

Les résines peuvent entrer dans la composition d'une bonne encre noire, mais la poix noire purifiée et mêlée, à chaud, avec de la cire jaune, doit être préférée à tous égards.

Les baumes du Pérou et du Canada, traités par l'alcool et la distillation pour enlever l'huile volatile, donnent à l'encre du luisant et du mordant; mais le baume de copahu dont on a enlevé l'huile volatile par la distillation, traité à la température ordinaire par l'huile de pétrole rectifiée, est encore meilleur : on le broie sur un marbre à l'aide d'une molette, avec une proportion convenable de savon jaune, de résine ou de savon gras, de térébenthine de Venise et de copal en poudre, si l'on veut avoir une encre très brillante.

Le savon de résine jaune est aussi une matière très utile, et même indispensable pour la préparation d'une bonne encre, car elle lui donne du liant et de la facilité à se déposer sur les caractères et sur le papier.

Le noir de fumée végétal est, dit-on, employé en Angleterre, préférablement à tous les autres noirs; dans la composition des encres de première qualité, en France, on emploie le noir de résine purifié.

L'indigo seul ou mélangé avec un poids égal de bleu de Prusse et l'ocre rouge calcinée, employés en petite quantité, donnent à l'encre un noir très intense.

Voici, d'après M. Savage, une recette pour fabriquer l'encre ordinaire avec le vernis.

Mettez dans un poêlon de terre assez grand pour contenir

toute l'encre, 75 grammes d'indigo, et pareille quantité de bleu de Prusse, bien broyés, avec 2 kilogrammes du plus beau noir de résine et 1 kil. 750 grammes de noir végétal; versez ensuite sur cette composition, lentement et par degrés, le vernis chaud, et remuez constamment pour incorporer convenablement toutes les matières. Cela fait, soumettez le mélange à un broyage à la molette jusqu'à ce qu'il forme une pâte granulée, luisante et parfaitement homogène.

On peut fabriquer l'encre pour l'impression des vignettes de la manière suivante :

		Parties.
Baume de copahu.	. . . . .	36
Noir de fumée.	. . . . .	12
Indigo et bleu de Prusse par parties égales	. . . . .	5
Ocre rouge	. . . . .	3
Savon de résine	. . . . .	12

On broie ce mélange sur une table de marbre avec une molette circulaire.

Sur la fabrication des encres d'impression, par M. F. Warreutrapp.

Les imprimeurs ne peuvent pas, comme on sait, donner de la consistance à leur vernis au moyen de la litharge qui devient trop visqueuse et empâte la lettre. Il faut cependant que leur encre ait du corps, de la consistance et de l'homogénéité. L'huile de lin, amenée par la cuisson seule à l'épaisseur convenable, fournit déjà un vernis trop visqueux qui ne se détache pas assez facilement de la lettre et n'adhère pas d'une manière nette sur le papier, sur les limites ou bords de cette lettre. On est donc obligé souvent de ne pas donner à la cuisson à l'huile cette trop grande épaisseur, et à lui communiquer la consistance désirée à l'aide de la colophane qu'on dissout par l'agitation dans le vernis chaud. Les fabricans d'encres d'impression parviennent à faire détacher le vernis de la lettre, d'abord en diminuant la viscosité par un mélange extrêmement soigné de noir de fumée calciné, et aujourd'hui d'une manière plus sûre encore, par une légère addition de savon de résine ou de savon ordinaire. L'encre devient plus courte à l'impression, et perd la faculté de se tirer en fil ; elle est moins visqueuse, sans être plus épaisse. Le savon démêlé dans la plus petite quantité d'eau possible est mélangé au vernis chaud avant d'y mêler le noir de fumée, et on agite le tout avec soin, ou bien le savon découpé en lanières fines est fondu dans le vernis bouillant.

Pour les encres d'impression en couleur, et principalement celle bleue, il n'est pas possible d'amener par la cuisson le vernis à la consistance voulue, sans qu'il se colore et altère la nuance de la couleur, aussi ces encres de couleur fabriquées avec les vernis ordinaires paraissent-elles sales ; et, il y a plus, c'est que quand ces encres seraient préparées avec des vernis bien blancs, si cela était possible, elles ne seraient pas encore d'une belle nuance. On amène donc le vernis au degré de cuisson où il est incolore et où il n'a pas encore une trop grande consistance, on l'épaissit avec de la belle colophane, et on y ajoute un peu de savon. Les couleurs acquièrent ainsi plus d'éclat et bien plus bel aspect.

Encre d'impression de Pratt.

M. Pratt, de New-York, a proposé en 1848 de remplacer le vernis des imprimeurs par les huiles de résine qui sont d'un prix moins élevé et faciles aujourd'hui à se procurer.

Il prend 1 kilogramme d'huile de résine, 400 grammes de colophane et 100 grammes de savon jaune de résine qu'il combine ensemble au moyen de la chaleur et de l'agitation ; si l'encre doit avoir plus de consistance, il augmente la proportion de la colophane et du savon, et il la diminue au contraire si elle doit être plus fluide. Après que cette composition est entièrement refroidie, il broie avec ce vernis son noir de fumée ou autre nature colorante, ainsi qu'on le pratique généralement actuellement avec les encres d'impression ordinaires.

Noir d'imprimerie à bon marché.

On prend :

	Grammes.
Huile de résine	500
Résine	390
Savon blanc	90

On chauffe en brassant continuellement, jusqu'à ce que le mélange soit devenu intime.

Si l'on veut donner plus de consistance au vernis, on augmente la proportion de la résine et du savon.

Dans le cas contraire, on augmente la quantité d'huile.

La suie et les autres couleurs sont porphyrisées avec ce vernis, après son refroidissement.

D'une encre d'imprimerie de P. Mozard.

Prenez huile de lin cuite et dégraissée, ou vernis des fabricants d'encre typographique, 500 grammes ;

Mettez cette préparation sur le feu dans un vase de fayence, et lorsqu'elle sera presque bouillante, ajoutez-y 5 onces de résine de gaïac en poudre; agitez bien le mélange pour qu'il devienne intime, et que la résine de gaïac soit parfaitement dissoute.

Retirez le tout du feu, et laissez refroidir.

Ajoutez à cette première composition quantité suffisante de chromate d'argent pour la colorer en rouge brun, broyez le tout sur un marbre comme on broie les couleurs, et vous aurez une encre d'imprimerie propre à l'emploi du timbre ou à l'impression.

Cette encre, aussi permanente que celle généralement usitée pour le timbre, change de couleur par l'action des réactifs chimiques; ainsi elle devient verte par l'action du chlore et des chlorures, jaune par le contact des acides, et violette quand on fait agir les alcalis sur elle.

On peut faire des encres de cette nature, de couleurs différentes, en employant tous les autres sels métalliques, colorés et insolubles, comme les prussiates d'urane, de titane, de cobalt, de deutoxyde de cuivre, etc., et les iodures de mercure, d'argent, de bismuth, etc.; les chromates de mercure, d'argent, de prosulfate de fer, de persulfate de fer, de cuivre et d'oxyde de chrôme.

Ces sels métalliques colorants sont destinés à remplacer, dans la formule donnée plus haut, le chromate d'argent, et devront être employés en quantité relative au degré de couleur que l'on voudra donner à l'encre, et de plus, selon la nuance que doit produire le sel dont on fera usage; ainsi, par exemple, pour la différence des couleurs, si on emploie l'iodure de mercure, on aura une encre d'un rouge très vif, tandis que le chromate d'argent ne donne qu'un rouge brun. Quant aux quantités, comme les chromates fournissent une plus grande quantité de principes colorants que les prussiates, à poids égal, il faudra employer moins de l'un que de l'autre, pour arriver aux mêmes teintes.

D'après la formule décrite pour la composition de cette encre, il est facile de voir que l'addition d'une substance quelconque colorante, non prévue dans la présente description, ne constituerait ni perfectionnement, ni invention, et que, dès lors, il y aurait contrefaçon à employer cette addition avec la partie de la formule qui forme la véritable base de la composition de cette encre.

Encres d'imprimerie de C.-Z.-M.-A. Goyneau.

Quantités et noms des matières employées :

Encre, première qualité, pouvant servir à la gravure comme aux impressions typographiques de luxe.

	Kil.	Gr.
Huile de lin . . .	0	979
Arcanson	0	755
Mélasse	0	245
Litharge	0	125
Noir léger. . . .	0	245
Ce qui donne. . .	2	529

Deuxième qualité, encre pour labeur.

	Kil.	Gr.
Huile de lin . . .	0	490
Arcanson	0	980
Mélasse	0	490
Litharge	0	060
Noir léger. . . .	0	245
Ce qui donne. . .	2	265

Troisième qualité, encre pour mécanique.

	Kil.	Gr.
Huile de lin . . .	0	980
Arcanson	0	958
Mélasse	0	980
Litharge	0	122
Noir léger. . . .	0	490
Ce qui donne. . .	5	530

La manipulation doit se faire ainsi :

Délayer l'huile avec la litharge, bien remuer le tout, établir un feu doux et toujours d'égale force sous la chaudière, jusqu'à ce que l'huile soit en ébullition et que sa mousse commence à tomber.

Fondre l'arcanson avec une petite quantité de l'huile, et le jeter, lorsqu'il est fondu, dans l'huile au moment où la mousse disparaît; bien remuer le tout, laisser un peu refroidir pour y jeter ensuite la mélasse, puis le noir léger; remuer le tout, et broyer comme pour les encres ordinaires.

Encre d'impression nouvelle.

L'huile de lin et le noir de fumée ou le noir de lampe, sont, comme on sait, les principaux ingrédients de l'encre d'impression. La préparation de cette encre est une opération longue, désagréable et même dangereuse, et ces inconvénients ont fait penser à un Américain, M. W.-T. Clough, qu'on pouvait les éviter en se servant, au lieu d'huile de lin cuite ou de vernis, d'un autre liquide qui, tout en modifiant les procédés de fabrication, les rendrait moins dangereux, et permettrait d'obtenir un produit de qualité supérieure. Le liquide qu'il a substitué à l'huile de lin est ce qu'on nomme l'huile de résine, c'est-à-dire les essences qu'on recueille par la distillation à destruction de la résine de pin. Cette huile est aujourd'hui commune dans le commerce qui la livre à bon marché, surtout dans les localités qui sont éclairées au gaz fabriqué avec la résine. On assure que l'introduction de ce liquide dans la fabrication de l'encre d'impression, non seulement en abaisse le prix, mais qu'elle permet en outre à l'imprimeur de faire des impressions plus élégantes, plus délicates, et en couleurs plus fines.

Encre rouge.

On se servait autrefois de cette encre assez fréquemment, et presqu'indispensablement dans l'impression des bréviaires, des diurnaux et autres livres d'église, quelquefois pour les affiches des livres, et par élégance, aux premières pages; cet usage a repris quelque faveur, et est encore pratiqué pour l'impression en gros caractères des affiches ou des livres de plain-chant, et quelques ouvrages de luxe, de goût ou de circonstance.

Le vernis moyen, que nous avons décrit plus haut, est celui que l'on emploie de préférence pour l'encre rouge. Il doit être fait d'huile de lin en force et nouvelle, parce qu'elle ne noircit pas en cuisant comme l'huile de noix, et que ce vernis ne peut être trop clair. On remplace le noir de fumée par de l'oxyde de mercure sulfuré rouge, ou du vermillon bien sec et broyé le plus fin possible. Vous mettez dans un encrier réservé à ce seul usage, une petite quantité de ce vernis, sur lequel vous jetez une petite partie de vermillon ; vous remuez et vous écrasez le tout avec un broyon ; vous relevez avec la palette de l'encrier cette première partie d'encre au fond de l'encrier ; vous répétez cette manipulation à plusieurs reprises, jusqu'à ce que vous ayez employé, par exemple, un kilogramme de vernis, et un 1/2 kilogramme de vermillon.

Plusieurs personnes mêlent dans cette première composition trois ou quatre cuillerées ordinaires d'alcool ou d'eau-de-vie, dans lequel on a fait dissoudre, vingt-quatre heures auparavant, un morceau de colle de poisson de la grosseur d'une noix. « J'ai reconnu par expérience, dit M. le Breton, que ce mélange ne remplissant pas toutes les vues que l'on se proposait, il était plus certain d'ajouter, pour la quantité donnée d'encre rouge, 11 grammes (3 gros) de carmin le plus beau ; il rectifie la couleur du vermillon, qui souvent n'est pas aussi parfaite qu'on la souhaiterait, il ajoute à son éclat et l'empêche de ternir. Cela est plus dispendieux, il est vrai ; mais aussi le résultat en est plus satisfaisant. » Quand vous aurez ajouté l'une ou l'autre de ces matières, vous recommencerez à broyer votre encre, de façon qu'elle ne soit ni trop forte, ni trop faible ; l'encre rouge, forte en couleur, est très sujette à empâter l'œil de la lettre. Si vous ne consommez pas, comme cela arrive presque toujours, tout ce que vous avez fait d'encre rouge, et si vous voulez conserver le reste, vous relèverez votre encrier par le bord, et vous le remplirez d'eau que vous entretiendrez afin que le vermillon ne sèche pas, et ne se mette pas en petites écailles sur la surface du vernis dont il se sépare ensuite par l'effet du hâle et de la sécheresse.

Encres de différentes couleurs.

Quoiqu'on n'emploie ordinairement dans les imprimeries

que les deux sortes d'encres dont nous venons de parler, il est très probable qu'on peut encore en faire de différentes couleurs, en substituant au noir de fumée et au vermillon, les ingrédiens colorants que l'on jugera nécessaires. On pourrait, par exemple, faire de l'encre verte avec l'oxide de cuivre calciné et préparé; de la bleue avec le prussiate de fer aussi préparé; de la jaune avec l'oxide d'arsénic sulfuré jaune; de la violette avec de la laque fine calcinée et préparée, en broyant bien ces couleurs avec du vernis pareil à celui qu'on emploie pour l'encre rouge. La préparation de l'oxide de cuivre, du prussiate de fer et de la laque fine consiste à y mêler de l'oxyde de plomb pour les rendre plus claires; sans cette précaution, les couleurs procureraient à l'encre une teinte trop foncée, et donneraient à l'impression des lettres un effet désagréable à l'œil.

Encres d'impression en couleur de J.-R. Reade.

Encre bleue d'impression.

On prend le précipité bleu de cyanogène et de fer indiqué pour l'encre bleue à écrire, p. 75, et on le broie à l'huile; ou bien on rapproche au feu cette encre à la consistance convenable et on la broie avec le vernis.

Encre noire d'impression.

On fait bouillir l'encre noire à écrire décrite ci-dessus, et on la broie avec le vernis.

Encre rouge d'impression.

On prend la solution ammoniacale de cochenille obtenue pour l'encre à écrire, et on la broie avec le vernis en ajoutant du proto-iodure d'étain suivant l'éclat désiré, ou bien on rapproche cette encre au feu, et on la broie au vernis.

Encre noire d'impression.

On fait bouillir des copeaux de bois de teinture, ou leurs extraits, avec des protosels ou des persels de fer ou de cuivre propres à précipiter le tannin, et en quantité telle que leur poids soit le double de celui du tannin renfermé dans le bois ou les extraits. On obtient aussi un précipité noir bleuâtre dont on affaiblit la nuance bleue par une addition de chromate de potasse. Enfin on broie le tout avec du vernis, en ajoutant un peu de noir de lampe ou autre noir employés ordinairement à la fabrication des encres noires d'impression.

Encres d'impression colorées, par M. P. Mozard.

Prenez huile de lin cuite et dégraissée, ou vernis des fabricants d'encre typographique, un 1/2 kilog. Mettez cette préparation sur le feu dans un vase de fayence, et lorsqu'elle sera presque bouillante, ajoutez-y 90 grammes de résine gaïac en poudre, agitez bien le mélange pour qu'il devienne intense et que la résine soit parfaitement dissoute; retirez le tout du feu, et laissez refroidir.

Ajoutez à cette première composition la quantité suffisante de chromate d'argent pour la colorer en rouge-brun; broyez le tout sur un marbre comme on broie les couleurs, et vous aurez une encre d'imprimerie propre à l'emploi du timbre et de l'impression.

Cette encre, aussi permanente que celle généralement usitée pour le timbre, change de couleur par l'action des réactifs chimiques; ainsi elle devient verte par l'action du chlore et des chlorures, jaune par le contact des acides, et violette lorsqu'on fait agir les alcalis sur elle.

On peut faire des encres de cette nature, de couleurs différentes, en employant tous les autres sels métalliques, colorés et insolubles connus, les prussiates d'urane, de titane, de cobalt, de deutoxyde de cuivre, etc.; les iodures de mercure, d'argent et de bismuth; les chromates de mercure, d'argent, de protosulfate de fer, de persulfate de fer, de cuivre et d'oxyde de chrôme.

Ces sels métalliques colorants sont destinés à remplacer, dans la formule donnée plus haut, le chromate d'argent, et devront être employés en quantité relative au degré de couleur que l'on voudra donner à l'encre, et de plus, selon la nuance que doit produire le sel dont on fait usage; ainsi, par exemple, pour la différence des couleurs, si l'on emploie l'iodure de mercure, on aura une encre d'un rouge très vif, tandis que le chromate d'argent ne donne qu'un rouge-brun. Quant aux quantités, comme les chromates fournissent une plus grande quantité de principes colorants que les prussiates, à poids égal, il faudra employer moins de l'un que de l'autre pour arriver aux mêmes teintes.

Encre d'impression sur planche de cuivre ou des imprimeurs en taille douce.

Cette encre diffère de celle typographique, et le vernis n'y est pas amené à un état de consistance où il puisse adhérer, propriété qui le rendrait impropre à entrer dans les tailles des planches gravées, à étaler et à être enlevé par le papier. Le noir est également d'une espèce différente. Au lieu de noir de fumée ou charbon sublimé, on se sert de noir, dit de Francfort, qui se fabrique avec du charbon dense provenant de la combustion de jeunes sarments de vigne. Ce noir est doux au toucher, donne à l'encre moins de viscosité que les noirs de fumée, le noir d'ivoire, le noir d'os, etc., et c'est pour cela qu'on lui donne la préférence. Cette encre doit être brillante et d'un noir plus intense que celle typographique.

ARTICLE DEUXIÈME.

Encres lithographiques, crayons, encres autographiques, crayons, etc.

La lithographie, sœur de la typographie, mais bien plus jeune et plus inexpérimentée d'abord, a été obligée de se créer des moyens particuliers pour dessiner, écrire et imprimer sur pierre, et pour d'autres opérations qui lui sont propres. Nous allons faire connaître ces moyens en prenant pour guide l'*excellent Manuel de l'Imprimeur lithographe* de M. L.-B. Bregeaut, nouvelle édition donnée par M. Knecht et M. J. Desportes, qui fait partie de l'*Encyclopédie-Roret*.

Encre pour dessiner et pour écrire.

L'encre lithographique pour dessiner et pour écrire, se compose des matières suivantes.

Première formule :

	Parties.
Suif de mouton épuré . .	2
Cire blanche pure . . .	2
Gomme laque	2
Savon marbré ordinaire .	2
Noir de fumée non calciné.	0 1/6

On fait fondre ce suif et la cire dans un vase de cuivre.

non étamé ou de fonte, que l'on pose sur un bon feu de charbon de bois. Lorsque les deux substances sont entièrement fondues, on y met le feu une demi-minute, on y jette ensuite peu à peu 60 grammes de savon en petits morceaux, on agite chaque fois avec une spatule en fer jusqu'à ce que le savon soit fondu. Quand le tout est en pleine fusion, on y met le feu une seconde fois, et on laisse brûler jusqu'à ce que le volume soit réduit exactement à ce qu'il était avant l'addition du savon ; on jette ensuite avec beaucoup de précaution la gomme laque, morceau par morceau, en remuant doucement, et on éteint la flamme si on a pu la conserver jusque-là. On ajoute le noir de fumée préalablement broyé, et on incorpore complétement le tout ensemble. Le produit bien concentré par une ébullition de quelques minutes est coulé dans un moule ou sur un marbre savonné et comprimé par un autre marbre semblable, puis on coupe en bâtons. Il faut éviter de pousser la calcination des matières au point de carboniser ; il suffit qu'elles soient cassantes après le refroidissement et que les morceaux ne se collent pas entre eux par pression.

Deuxième formule :

	Parties.
Savon de suif bien sec. .	30
Mastic en larmes bien net-	
toyé.	50
Soude en poudre . . .	30
Gomme-laque rouge . .	150
Noir de fumée. . . .	12

On fait fondre le savon, on y ajoute le mastic peu à peu en agitant toujours, puis la soude, et enfin la gomme-laque. Quand ces matières sont parfaitement amalgamées, on donne le noir. Après une concentration d'une minute, on coule sur le marbre et on découpe en bâtons pendant que la matière est encore chaude.

Troisième formule :

	Parties.
Cire vierge	12
Graisse de bœuf fondue.	4
Savon	5
Noir de fumée non calciné	1 ½

Quatrième formule :

	Parties.
Cire blanche	8
Suif épuré.	2
Savon de suif	4
Mastic en larmes . . .	2
Térébenthine de Venise. .	1
Noir de fumée . . .	2

On manipule dans la deuxième formule, seulement l'addition dans la quatrième se fait lorsque les matières sont fondues.

Cinquième formule :

Cire jaune ordinaire . .	8
Savon blanc d'huile d'olive	20
Suif de mouton fondu au bain-marie et dégagé des membranes. . . .	6
Gomme-laque jaune . .	10
Noir de fumée non calciné	4

On fait fondre le savon, la cire, le suif, on ajoute la gomme laque, morceau par morceau, en agitant toujours. Quand le tout est fondu, on introduit peu à peu le noir, et quand il est parfaitement amalgamé, on couvre pour concentrer la chaleur pendant deux minutes au plus, et on coule.

Cette composition est excellente pour le pinceau et convient mieux aux dessinateurs qui peuvent rarement, comme les écrivains, se servir de la plume d'acier.

Sixième formule :

M. Knecht a proposé et employé avec succès la formule suivante.

	Grammes.
Cire jaune	400
Suif	500
Gomme-laque . . .	500
Mastic en larmes. . .	100
Savon blanc	400
Térébenthine de Venise	50
Huile d'olive. . . .	50
Noir de fumée de 1re qualité	100

On fait fondre le suif et l'huile dans lesquels on introduit peu à peu le noir de fumée. On retire la masse consistante du vase; on la broie à la molette, et on la conserve en boule ou en pain pour l'usage indiqué ci-après. On fait fondre la cire, la moitié du savon et le mastic, on met le feu et aussitôt que la matière est enflammée on retire le vase du feu, on ajoute et incorpore la gomme-laque par pincées et successivement, et lorsque la totalité est introduite, on éteint la flamme, et on met l'autre moitié du savon pour appaiser l'effervescence. Lorsque la matière est un peu refroidie, on y verse la térébenthine et l'on remet sur le feu. On filtre à travers un morceau de calicot clair pour purifier le mélange, on remet sur le feu, et aussitôt que la matière commence à chauffer suffisamment, on y introduit le noir qu'on y incorpore parfaitement avec la spatule. On laisse refroidir un peu et on coule sur une plaque de métal ou sur une pierre polie, enduite de suif, et enfin on découpe en bâtons.

2° *Encre de retouches.*

Cette encre se compose ainsi qu'il suit :

	Grammes.
Savon blanc	10
Suif	10
Huile de lin	10
Cire jaune.	15
Noir de fumée. . . .	8

Ces substances sont fondues et mélangées ensemble comme pour les encres à dessiner et à écrire, mais on n'y met pas le feu.

3° *Crayon lithographique.*

Le crayon lithographique est une encre qu'on emploie à l'état solide et, sous ce rapport, il importe ici d'en faire connaître la composition et la fabrication.

Première formule :

	Parties.
Savon marbré ordinaire.	45
Suif épuré	60
Cire vierge	75
Gomme-laque . . .	30
Noir de fumée dégraissé.	15

On manipule comme dans la première formule d'encre que nous avons donné ci-dessus.

Deuxième formule :

	Parties.
Savon de suif	150
Cire blanche pure . .	150
Noir de fumée . . .	30

On coupe le savon en rognures minces long-temps avant d'en faire usage, et on l'expose au soleil pendant plusieurs jours pour en opérer la dessiccation. Lorsqu'il est sec et friable on le jette dans une casserole de cuivre non étamé et garnie d'un couvercle en tôle ; on expose sur un feu vif et lorsque le savon est bien fondu, on y met la cire peu à peu et en agitant avec la spatule. On ajoute de même successivement le noir de fumée qu'on amalgame bien, on concentre un moment en couvrant hermétiquement, et on coule dans les moules sans laisser enflammer la pâte qu'il ne faut pas calciner.

Troisième formule :

	Parties.
Savon de Marseille . .	200
Cire blanche sans suif.	200
Gomme-laque rouge. .	20
Noir de fumée . . .	15

On opère comme dans la formule précédente, si ce n'est qu'on ajoute la gomme-laque avant le noir de fumée et qu'on la fait fondre et l'incorpore avec un soin particulier. On enflamme les matières incorporées, jusqu'à trois fois de suite, en les laissant chaque fois brûler une minute.

Formule de *M. Lemercier*.

	Parties.
Cire jaune	32
Suif très épuré. . . .	4
Savon blanc de Marseille.	24
Sel de nitre dissous dans sept fois son poids d'eau.	1
Noir calciné et tamisé. .	7

On fait fondre dans la casserole la cire, le suif, puis on y jette peu à peu le savon coupé en morceaux très minces et en agitant sans cesse. Lorsqu'une fumée blanchâtre succède à la fumée grise qui se dégage pendant la fusion du savon, on retire du feu et on commence à verser la solution de nitre qu'on a portée à l'ébullition, d'abord quelques gouttes seulement, puis peu à peu en plus grande quantité jusqu'à ce que le tout soit versé. Lorsque la tuméfaction causée par cette addition est apaisée on remue sur le feu, on bat la mousse et la matière qui redescend à son premier niveau, et on chauffe jusqu'à ce qu'en approchant une baguette de fer, portée au rouge, la matière s'enflamme. On ôte du feu, on laisse brûler pendant une minute, on couvre la casserole pour éteindre la flamme, puis quand l'extinction a eu lieu, on lève le couvercle. On agite avec la spatule et le feu reprend soit spontanément, soit par l'approche d'un fer rouge. On laisse brûler encore deux minutes, on éteint la flamme, on découvre, on laisse refroidir pendant quelques secondes, on ajoute le noir peu à peu, et quand il est bien incorporé, on remet sur le feu, et quand le tout est bien liquide, on laisse cuire quinze minutes. On ajoute les bavures et les résidus de crayons d'opérations précédentes en agitant toujours et quand la masse est bien homogène, on retire, on bat la masse pour la laisser un peu refroidir, et on coule dans le moule.

Formules de M. Knecht.

	Grammes.
Cire jaune	1000
Savon blanc de Marseille	750
Suif	125
Gomme-laque . . .	50
Térébenthine de Venise	50
Nitrate de potasse . .	30
Eau distillée ou de pluie	200
Noir de fumée . . .	200

On prend un vase en fonte, muni d'un couvercle et d'un manche d'une capacité double de la quantité de matière qu'on veut préparer. On fait fondre ensemble les trois quarts de la cire et tout le suif, on couvre le vase et on élève la chaleur jusqu'au point où l'approche d'une allumette ou d'un fer rouge enflamme la matière. On retire du feu, on ajoute peu à peu le savon, en remuant toujours jusqu'à ce que la flamme s'éteigne d'elle-même. On remet sur le feu, et on continue l'addition du savon. Cela fait, on commence à introduire le nitrate de potasse qu'on avait fait dissoudre dans l'eau distillée bouillante. On laisse tomber une seule goutte et ainsi de suite en agitant toujours. Immédiatement après on y jette la gomme-laque morceau par morceau ; il se produit chaque fois un boursoufflement qu'on apaise avec du savon, et ainsi de suite, successivement. On termine par l'addition de la térébenthine. En ce moment, on augmente la chaleur pour enflammer une seconde fois la composition en laissant brûler seulement une minute. Quand la matière a été rendue bien homogène par l'agitation, on incorpore le noir de fumée en diminuant un peu le feu. On ajoute les bouts et les bavures de crayons d'opérations précédentes, et on coule en moule.

Encres pour lavis et aquatinte lithographiques.

Formule d'Engelmann.

	Parties.
Cire	8
Suif	3
Savon	6
Gomme-laque	6
Noir de fumée	3

Après avoir fondu ces substances par les mêmes procédés que pour l'encre lithographique, on y ajoute huit parties d'encre ordinaire d'impression, et on coule en gros bâtons.

Formule de Jobard.

	Parties.
Cire	1
Saindoux	2
Spermaceti	3
Savon	1

On fait fondre le tout et cuire assez longtems pour donner la consistance entre la cire vierge et le suif, et on y mélange à la molette la plus grande quantité possible de noir.

Formule de Hancke.

	Grammes.
Cire	25
Saindoux	50
Spermaceti	75
Savon	50
Noir de fumée calciné (quantité suffisante).	

On fait fondre le tout et on chauffe jusqu'à ce qu'en approchant une allumette la matière prenne feu ; on laisse brûler quelques secondes en agitant avec soin pour opérer un mélange bien homogène.

5° *Encre autographique.*

Première formule.

	Parties.
Gomme-laque	3
Cire	1
Suif	7
Mastic	4
Savon	3
Noir de fumée	1

Deuxième formule.

	Parties.
Savon de suif épuré	100
Cire vierge	108
Suif	50
Mastic en larmes	50
Noir de fumée non calciné	30

On manipule comme pour la deuxième formule de l'encre à écrire, seulement on concentre moins les matières, et le feu ne doit y être mis que pendant un instant, ces deux encres devant conserver plus de caractère graisseux.

Troisième formule.

	Grammes.
Suif de mouton épuré	100
Cire jaune	125
Savon ordinaire	16
Gomme-laque jaune	150
Mastic en larmes	125
Térébenthine	16
Noir de fumée non calciné	50

On fait fondre le suif, le savon, la gomme-laque, le mastic, et quand toutes les matières sont en fusion, on ajoute la térébenthine dont on opère le mélange en remuant avec la spatule, ensuite on ajoute le noir qu'on amalgame aussi complétement que possible petit et fin. On met une livre d'eau bien pure et on fait cuire le tout à feu doux pendant une bonne heure et demie.

Formule de Gardon.

	Parties.	
Cire vierge	3	
Suif de mouton épuré. .	5	5
Savon blanc très sec . .	6	
Gomme-laque blonde. .	5	5
Mastic en larmes . . .	4	5
Térébenthine de Venise (une cuillerée à café.)		

On prend une marmite en fonte, on fait fondre le suif, on y ajoute la cire, puis quand le tout est en fusion complète, le savon en un seul morceau. Quand celui-ci est fondu on couvre hermétiquement la marmite, on chauffe un quart d'heure, on découvre brusquement la matière qui se couvre d'une flamme bleuâtre. On laisse encore une minute sur le feu, on retire et on agite avec une cuillère en fer comme quand on fait brûler du punch, pendant 4 minutes, **on recouvre** vivement et on retire presqu'aussitôt le couvercle. Le feu reprend et on le laisse agir pendant 4 ou 5 minutes, et enfin on l'éteint avec le couvercle. On laisse reposer jusqu'à ce qu'il n'y ait plus danger que les matières s'enflamment. On remet la marmite couverte sur le feu, on découvre au bout de 10 minutes, et on jette la gomme-laque par pincées en agitant avec la spatule. On opère de même pour le mastic, on recouvre et on fait cuire jusqu'à ce que l'odeur des vapeurs devienne très piquante, on verse la térébenthine de Venise, on agite, on recouvre, on laisse un quart-d'heure sur un feu doux, on retire du feu, on laisse un peu refroidir jusqu'à ce que la fumée disparaisse, et on coule sur pierre lithographique ou sur une planche polie enduite de savon. Quand l'encre est refroidie, on la coupe en morceaux.

6° Encre à transporter.

	Parties.
Cire jaune ordinaire . . .	5

Parties.

Suif de mouton épuré.   .   1
Vernis faible d'huile de lin   1
Noir de fumée calciné .   1

On fait fondre la cire, on ajoute le suif ; on mélange intimement, on introduit le vernis, et quand ces matières sont bien incorporées on y mélange le noir par petites parties, toujours en remuant. On concentre la chaleur en couvrant le vase en fonte, et au bout de quelques secondes, on le retire du feu afin d'éviter que les matières s'enflamment, et avant leur entier refroidissement on les broie à la molette.

7° *Encre de report.*

Première formule.

Grammes.

Cire jaune   1000
Suif de mouton.   .   .   100
Savon blanc.   .   .   .   300
Colophane , ou résine.   500
Vernis faible   .   .   .   1000
Noir de fumée calciné (quantité suffisante).

On fait fondre ensemble la cire et le suif, on ajoute le savon en copeaux qu'on a fait sécher pendant quelques jours et, quand la fusion est complète, on ajoute la résine par petites parties à la fois. Quand l'amalgamation est complète, on verse peu à peu le vernis. On laisse cuire pendant un quart-d'heure, en agitant continuellement ; on retire du feu et on broie encore chand avec le noir de fumée.

Deuxième formule.

Grammes.

Encre lithographique à
    écrire (6° formule).   200
Encre autographique (2°
    formule).   .   .   .   200
Vernis faible   .   .   .   250

On met les deux encres dans un pot, et quand elles sont ramollies, sans être bien liquides, on verse le vernis et on continue la cuisson jusqu'à ce que le tout soit bien liquéfié. On coule sur le marbre ou une vieille pierre lithographique.

8° *Encre de conservation pour les pierres:*

	Grammes.
Cire.	100
Asphalte	100.
Suif.	40
Noir de fumée.	20

On divise le tout en petits morceaux, et on y verse de l'essence de térébenthine; au bout de quelques jours, ce mélange forme une pâte que l'on conserve dans un pot bien bouché.

On peut aussi se servir de l'encre de report ci-dessus, première formule, pour conserver les pierres.

9° *Encre d'impression.*

Nous nous occuperons d'abord de la fabrication du vernis qui sert de base à la fabrication de l'encre d'impression.

Deux sortes d'huile ont été reconnues comme bonnes pour la fabrication des vernis lithographiques, l'huile de noix et l'huile de lin. Cette dernière a depuis longtemps obtenu la préférence. L'huile de lin ou l'huile de noix doivent toujours être choisies très vieilles, d'un beau jaune et parfaitement limpides.

On met dans une marmite en fonte ou en fer de 25 litres 8 à 10 litres d'huile de lin ayant les qualités énoncées ci-dessus; on couvre hermétiquement cette marmite de son couvercle, et on la pose sur un trépied. On allume le feu dessous pour chauffer l'huile progressivement. Dès qu'elle commence à bouillir, on coupe un pain rassis de 2 à 3 kilogrammes (dans la proportion de 2 kilogrammes de pain pour 8 litres d'huile) par tranches très minces, et on jette ces tranches dans l'huile, trois ou quatre à la fois, afin d'opérer le dégraissage. A mesure que ces tranches sont rôties, sans être brûlées, on les retire avec une écumoire en fer, on leur en substitue de nouvelles, ainsi de suite, jusqu'à ce que le pain soit entièrement employé. Aussitôt que cette opération est terminée, le dégraissage de l'huile est terminé, on recouvre la marmite et on augmente la vivacité du feu, de manière à obtenir en peu de temps une forte concentration.

De dix en dix minutes, on découvre la marmite pour voir si le feu y prend naturellement ; s'il ne se déclare pas, on essaie de l'y mettre avec une cuillère en fer qu'on a fait rougir et que l'on présente à la superficie de l'huile. Si le feu ne prend pas encore, c'est que l'huile n'est pas assez chaude ; il faut augmenter la chaleur en recouvrant la marmite, activant le feu, et présentant de nouveau la cuillère rouge de feu.

Si pendant l'opération le feu s'attache aux parois de la marmite, il faut la couvrir hermétiquement afin d'étouffer la flamme, empêcher l'air intérieur d'agir, et descendre la marmite dans un trou fait en terre pour cet objet.

Un quart-d'heure après que la marmite est retirée du feu, on la découvre, on prend un globule d'huile brûlée avec une cuillère, on la verse dans une coquille ou une petite assiette, et au bout de quelques instants le globule étant refroidi on juge du degré de concentration et de la consistance du vernis.

Si ce vernis est destiné à l'impression des dessins au trait ou des écritures, il est suffisamment dense et sa préparation est terminée, c'est ce qu'on appelle le vernis n° 1. Si ce vernis est au contraire destiné à l'impression des dessins au crayon, il faut augmenter la densité en y mettant de nouveau le feu, et activer cette inflammation en agitant avec la cuillère.

Dans le cas où la flamme ne reparaît pas de suite, il faudrait remettre la marmite sur le trépied et provoquer l'inflammation par un feu ardent. Aussitôt qu'on l'a obtenue, on redescend la marmite et on laisse brûler l'huile jusqu'au moment où les parois commencent à s'échauffer ; on pose alors le couvercle, et quand on juge que la flamme est éteinte, on fait de nouveau l'épreuve au globule. On a alors le vernis n° 2.

Pour que le vernis soit bon, il faut que, le laissant filer au bout du doigt, les filaments arrivés à la longueur de 8 à 10 centimètres, se rompent d'eux-mêmes et soient enlevés par l'air comme un corps sec et léger, et qu'en se serrant entre l'extrémité des doigts il s'en détache en claquant, par fils d'un jaune-brun translucide.

Cinq minutes après que l'on est parvenu à éteindre la dernière flamme, et que la marmite a été découverte, on ajoute pour le vernis nº 1 destiné à l'impression des dessins à l'encre, des écritures et de la gravure sur pierre, pour une quantité de 25 litres d'huile, un demi-kilogramme de résine blonde ordinaire que l'on a fait fondre séparément, mais sans la cuire, vers la fin de la fabrication du vernis. Cette addition se fait avec lenteur et en remuant toujours avec la cuillère en fer.

Pour le vernis nº 2, on met dans la quantité d'huile indiquée, 1 kil. 50 de résine fondue.

Encre d'impression pour dessiner au crayon.

Formule allemande.

	Grammes.
Noir de fumée calciné.	100
Cire et suif, par parties égales, fondus et brûlés ensemble pendant quatre minutes . . .	8
Bleu d'indigo pulvérisé et tamisé.	6

On broie le bleu seul avec un peu de vernis nº 2, on ajoute le mélange de cire et de suif, on incorpore bien, et on met le noir de fumée peu à peu avec la quantité de vernis que l'on juge nécessaire pour donner la densité convenable.

Formule française.

	Grammes.
Noir de fumée calciné.	100
Indigo	6

On broie le noir de fumée avec du vernis nº 2, et on ajoute l'indigo broyé séparément. On broie enfin le tout ensemble jusqu'à ce que l'encre ait acquis assez de densité pour se couper difficilement avec le couteau à broyer.

10º *Encre pour impression en relief.*

Première formule.

	Grammes.
Cire vierge	200
Poix noire	50
Poix de Bourgogne. .	50
Poix grecque. . . .	200

On fait cuire jusqu'à mélange complet. On retire du feu, on laisse un peu refroidir et verse dans l'eau tiède, et on fait de petites boules qu'on dissout, au moment de s'en servir, dans l'essence de lavande.

Deuxième formule.

	Grammes.
Cire vierge ou cire jaune	40
Suif	20
Gomme-laque . . .	20
Poix de Bourgogne . .	10
Colophane	10
Poix grecque. . . .	10

On fait fondre comme les encres ordinaires et comme on l'a décrit ci-dessus.

Note sur l'encre lithographique, par M. Lemercier, imprimeur-lithographe.

La composition d'une bonne encre lithographique exige que le mélange de la matière, dont la spécialité est de pénétrer la pierre, et de celle qui a pour but de résister à l'acide, se fasse par parties égales.

J'ai longtemps cherché entre le suif, la cire, les résines, la gomme-laque, le mastic en larmes et l'huile, quelle était la substance qui, en résistant le plus à l'acide, pouvait encore donner à l'encre une qualité meilleure. Les extrêmes ne donnent pas de bons résultats, et ce n'est qu'en mettant du suif, de la cire et de la gomme-laque en diverses proportions, qu'on peut obtenir le produit désiré : on peut varier ces proportions, si on veut arriver à rendre cette encre plus convenable pour un usage particulier. Ainsi, supposant qu'on veuille aciduler fortement pour mettre le dessin en relief, on augmenterait la proportion du suif ; mais toujours sans s'écarter de cette règle générale, qu'il faut que le savon soit en proportion égale avec celle de la totalité des matières non saponifiées.

La proportion du noir est en plus de rapport que je viens d'établir ; l'encre dans laquelle on aurait mis une plus forte proportion de suif nécessiterait l'addition d'un peu de noir.

Voici la composition et les dernières proportions auxquelles je me suis arrêté :

Cire jaune	2 parties
Suif	1 1/2
Savon blanc de Marseille .	6 1/2
Gomme-laque	3
Noir léger	1 1/2

Manipulation.

Il faut avoir une casserole en fonte ou en cuivre, munie de son couvercle, plus une cuiller et une spatule en fer. La totalité des matières ne doit remplir la casserole que jusqu'au tiers.

On commence par faire fondre la cire et le suif; ensuite on ajoute peu à peu le savon: il ne faut pas en mettre trop à la fois, et avant d'en mettre de nouveau, il faut attendre que le précédent soit fondu, autrement on s'exposerait à faire répandre la matière par dessus les bords de la casserole. Quand le tout est fondu, on ajoute la gomme-laque par petites pincées, agitant continuellement le mélange, et ayant soin de n'en remettre que lorsque la précédente est fondue. Cet amalgame étant terminé, on augmente le degré de chaleur jusqu'au moment ou la vapeur blanche commence à s'épaissir, alors on retire la casserole du feu, puis on enflamme la matière et, supposant les proportions précédentes prises par onces, on laisserait brûler pendant une minute au plus; ensuite on éteint la flamme, et on attend une demi-minute; puis on fait l'amalgame du noir, le délayant pendant quelques minutes, après lesquelles on remet la casserole sur le feu, en agitant continuellement la matière. On laisse cuire un quart-d'heure environ, et lorsque la cuisson de l'encre est terminée, on laisse refroidir un peu, et on verse cette encre sur une feuille de papier collé, que l'on a frottée d'avance avec du savon, pour faciliter l'enlèvement de l'encre de dessus le papier lorsqu'elle est refroidie. Arrivé à ce point, on fait refondre l'encre pour mieux mélanger et raffiner la pâte, moyen bien préférable à celui du broyage, qui est très difficile, attendu qu'il ne peut se faire qu'à chaud. En faisant refondre la pâte, il est essentiel de la remuer continuellement et de la maintenir à une chaleur modérée. Cette opération étant terminée, on coule l'encre dans un cadre posé sur un marbre ou une pierre que l'on a préalablement frottés avec du savon; avant que l'encre ne soit entièrement refroidie, on la coupe en morceaux et on la laisse sécher parfaitement.

Mémoire sur le vernis d'encrage pour la lithographie, par M. Lemercier.

La fabrication des vernis est un des objets les plus importants de l'impression lithographique, et c'est cependant celui qui jusqu'à présent a été généralement le plus négligé, peut-être parce qu'il est le plus pénible et le plus dangereux ; c'est pourquoi on l'a généralement confié à des hommes dont les capacités ne leur ont permis de faire aucune observation.

La fabrication des vernis est donc la base fondamentale de l'impression : il est bien important d'étudier les phénomènes qui ont lieu lors de leur fabrication ; car c'est de cette étude que dépend souvent la réussite d'un dessin, quoiqu'il soit dessiné sur une bonne pierre et bien acidulé ; mais, en admettant que la mauvaise qualité du vernis n'empêche pas sa réussite, elle borne toujours le tirage à un très petit nombre de bonnes épreuves, et l'ouvrier est d'autant plus embarrassé qu'il lui est toujours impossible de reconnaître s'il est d'une bonne ou mauvaise qualité avant d'en avoir fait usage. Or, comme c'est toujours le travail de l'artiste qui est soumis à ces terribles épreuves, je vais tâcher de donner une théorie pratique, basée sur plusieurs années d'expérience, afin de remédier aux inconvénients qui résultent chaque jour de l'emploi des mauvais vernis.

Jusqu'à présent on a généralement fabriqué les vernis sans se rendre positivement compte du but de chaque opération; de sorte que ce n'est souvent qu'au hasard qu'on doit leur réussite, lorsque l'on y est parvenu. C'est donc sur le dégraissage des vernis que je m'arrêterai particulièrement ; ensuite je tâcherai de simplifier leur moyen de fabrication.

Une des difficultés de la fabrication des vernis est de les épaissir, en évitant cette qualité poisseuse que l'huile prend toujours lorsque cet épaississement a lieu par une ébullition prolongée. Après un grand nombre d'essais, je suis parvenu à vaincre cette difficulté par un moyen simple et facile.

Ce résultat m'a permis de faire du vernis sans aucun dan

ger, et on sait que, par les moyens généralement employés pour obtenir la concentration de l'huile , on active le feu d'une manière telle qu'il devient ensuite impossible de s'en rendre le maître. On met presque toujours la marmite dans un trou creusé en terre , pour obtenir son refroidissement, et ce moyen est souvent insuffisant pour empêcher l'huile de fuir toute enflammée , et si le couvercle de la marmite ferme par une vis, il peut survenir une explosion. C'est pour répondre au désir de la Société d'encouragement et pour prévenir les accidents que ce mode de fabrication peut causer, que je vais tâcher de décrire les moyens d'amélioration que mes recherches persévérantes m'ont fait trouver.

Composition. Pour faire mon vernis, j'emploie de l'huile de lin, du pain, des oignons et de la résine.

Choix de l'huile. Quoique les huiles du commerce soient rarement pures, on peut néanmoins s'en servir ; l'huile de lin est incontestablement la meilleure : on devra la choisir ancienne d'un an ou deux ; sa couleur doit être jaune et très transparente. On pourra aisément la distinguer de l'huile nouvelle , qui ordinairement est trouble et d'une couleur verte ; l'huile ancienne a l'avantage d'être non seulement plus pure , mais encore de contenir beaucoup moins d'eau que l'huile nouvelle, ce qui expose moins au danger de voir l'huile se répandre lorsqu'on la chauffe fortement.

Clarification.

Si on ne peut se procurer de l'huile ancienne, ou si celle qu'on trouve est rance , on prend de l'huile nouvelle, et on la clarifie en la faisant filtrer au travers d'un morceau de feutre de laine ou de poil ; cette étoffe permet d'obtenir l'huile dégagée des substances qui la rendent trouble.

Du pain. J'ai lu dans plusieurs ouvrages que le pain avait la propriété d'emporter sous son état de vapeur l'excédant du calorique qui, sans cet intermédiaire , pourrait s'accumuler en quelques parties et donner lieu à des accidents. Un fait que l'observation m'a fourni, en cherchant à varier le nombre des tranches de pain , est que les premières que l'on jette, surtout dans l'huile nouvelle en ébullition, prennent un goût insupportable, et progressivement ce goût diminue à mesure que le nombre des tranches de pain augmente ; c'est lorsque le pain ne conserve plus ce goût désagréable que l'on peut cesser d'en mettre dans l'huile ; mais comme ce nombre varie selon la vieillesse de l'huile, et que bien des personnes répugneraient à goûter ces tranches de pain, il suffira d'en mettre environ deux onces par livre, et l'on sera sûr que l'huile aura totalement perdu ce goût, qui peut être nuisible à son dégraissage.

Des oignons. L'oignon, par le mucilage et les acides qu'il contient, a la propriété de clarifier l'huile et de lui donner un certain degré de densité qui la rend plus siccative. L'ail possède à peu près les mêmes qualités, mais il rend l'huile plus poisseuse et plus trouble, sans pour cela qu'elle soit plus dégraissée : c'est ce qui fait que j'ai donné la préférence à l'oignon.

De la résine. Les obstacles que je rencontrai chaque jour dans l'emploi des vernis ordinaires, par la difficulté de les avoir toujours dégraissés convenablement et d'une égale qualité, m'ont fait faire de nombreux essais. J'ai employé, à cet effet, les sulfates de chaux, de potasse, l'oxide de plomb, l'acide sulfurique, etc. Tous ces divers essais ne m'ont conduit à aucun bon résultat; mais, en persistant dans mes recherches, j'ai trouvé que les résines réunissaient tous les avantages possibles, attendu qu'elles sont généralement d'une nature sèche et friable, et se dissolvent parfaitement dans l'huile, même à une température peu élevée. Après divers essais, j'ai adopté celle connue dans le commerce sous le nom de poix-résine : la belle qualité est blonde et friable. Lorsque l'amalgame est parfait, elle donne au vernis une consistance ou un moelleux que le vernis ordinaire ne possède pas. Le vernis très ordinaire est trop poisseux ; la résistance de ses filaments et sa ténacité sous la molette ne permettent pas au broyeur le plus vigoureux d'y faire entrer assez de noir pour l'absorber; par conséquent, il est toujours mal broyé, et le noir, ne s'attachant pas également à la pierre, donne lieu à de mauvaises épreuves: c'est ce qui fait que la plupart des grands dessins ne réussissent pas toujours à l'impression ; car l'imprimeur, ayant trop de difficulté dans l'encrage de sa pierre, ne tire souvent que des épreuves lourdes et sans transparence ; car, outre la peine qu'il éprouve à encrer son dessin, il lui faut une pression excessive pour arracher le noir de dessus la pierre, et très souvent il arrive que, malgré sa précaution pour enlever l'épreuve, il en reste des parties sur la pierre.

Le vernis dans lequel il entre de la résine n'a pas le même inconvénient : il a la propriété de ne pas graisser ni empâter la pierre ; il a en outre l'avantage d'être plus adhérent à la pierre et de décharger tout son noir sur le papier, sans nécessiter une si forte pression, l'imprimeur se trouvant maître de son rouleau par l'onctuosité du noir, qui, sans être ni trop fort ni trop faible, a assez d'élasticité pour pouvoir charger et décharger la pierre, selon que l'harmonie du dessin l'exige. Il se détache sur le papier d'une manière palpable, au point que très souvent il ne reste rien sur la pierre : c'est ce qui fait que les épreuves que l'on tire avec ce vernis ont une très grande valeur de ton, sans que les noirs soient lourds et empâtés, ayant la propriété de tirer les noirs vigoureux et transparents. Les demi-teintes ont aussi beaucoup plus de transparence et de suavité, ce qui donne à l'épreuve une fraîcheur et une harmonie qu'il est difficile d'obtenir avec les vernis ordinaires : sa fabrication est beaucoup plus facile et surtout moins dangereuse, puisqu'elle ne nécessite pas une si forte concentration ; il suffit de faire du vernis faible et d'indiquer la quantité de résine indiquée ci-après pour avoir, avec la même cuisson, des vernis de plusieurs numéros.

On pourrait se dispenser de mettre le feu à l'huile, on pourrait encore supprimer l'addition des croûtes de pain et même des oignons ; mais pour les dessins soignés, l'expérience m'a prouvé qu'il valait mieux suivre cette méthode. Dans tous les cas il est possible, par ce procédé, de modifier tous les vernis faibles qui se trouvent dans le commerce en ajoutant de la résine. Il suffit de faire chauffer le vernis et d'ajouter la résine par petits morceaux, ayant soin de ne pas mettre l'huile en ébullition.

Manipulation. Il faut avoir une marmite en fonte ou en cuivre, munie de son couvercle, une cuiller en fer, une écumoire et un fourneau où la marmite entre autant que possible jusqu'à la moitié. La marmite ne doit être remplie d'huile que jusqu'au tiers ou au plus à moitié.

Le feu de bois pour la fabrication du vernis me paraît préférable au feu de charbon. L'huile étant sur le feu, pour activer la chaleur, on couvre la marmite jusqu'au moment de l'ébullition; arrivée à ce point, on découvre la marmite et on commence à jeter le pain que l'on a divisé par tranches : on en met une ou deux, et on observe si elles se dessèchent assez promptement. Si la chaleur n'était pas suffisante pour cette dessiccation, il faudrait retirer le pain en se servant de l'écumoire, et recouvrir la marmite pendant quelques minutes, pour obtenir une élévation dans le degré de chaleur de l'huile; il ne faut pas que ce degré soit trop augmenté, car alors il peut se produire un gonflement qui aurait lieu avec une telle rapidité, que l'huile se répandrait par dessus les bords de la marmite, surtout si elle est nouvelle. Il faut une très grande habitude pour prévenir cet accident qui expose à mettre le feu : on doit toujours avoir un vase contenant de l'huile que l'on verse alors dans la marmite, et le refroidissement qu'elle produit fait descendre l'huile vers son premier niveau; alors on en est le maître et on recommence en tâchant de profiter de cette expérience. Lorsque la chaleur de l'huile peut dessécher le pain, on retire la première tranche assez à temps pour qu'elle ne se carbonise pas : lorsque toutes les tranches de pain ont été mises et retirées, opération pendant laquelle le feu a dû être entretenu de manière à laisser augmenter le degré de chaleur, on jette quelques oignons et, quand l'écume qu'ils produisent commence à diminuer, on en ajoute d'autres et successivement, jusqu'à la totalité. Arrivé à ce point, la chaleur doit être telle qu'il faille l'augmenter peu pour que le feu y prenne; on a un fer rouge que l'on présente à la surface de l'huile pour en faciliter l'inflammation : ce moyen est préférable à celui de laisser l'huile s'enflammer d'elle-même par l'extrême élévation de son degré de chaleur, qui expose à ne plus pouvoir rester maître du feu. Lorsque l'huile commence à prendre feu, la flamme d'abord bleuâtre devient jaune; il faut, avant que celle-ci succède à la première, retirer la marmite de dessus le feu, et remuer avec la cuiller pour empêcher que la chaleur n'augmente pas trop rapidement : si la flamme continue d'être jaune et blanche, il faudrait mettre le couvercle pour éteindre le feu et, aussitôt que la flamme ne brûlerait plus, lever le couvercle pour laisser la fumée se dégager librement. Si l'huile est nouvelle, elle peut encore se gonfler à ce moment; alors il faut y mettre le feu, puis l'éteindre et recommencer alternativement jusqu'à ce que la fumée ait emporté toute la vapeur d'eau qui produit cette tuméfaction.

On laisse brûler l'huile tant que la flamme n'est pas jaune, et on l'éteint quand elle le devient; il ne faut pas laisser refroidir l'huile au point d'être obligé de la remettre sur le feu : en évitant cet inconvénient, on peut arriver à savoir à peu près le temps que doit durer cette combustion. Supposant les proportions précédentes prises pour 12 kilogrammes, on laisserait brûler l'huile pendant une heure environ; mais il est beaucoup plus prudent de n'opérer que sur la moitié de cette quantité, ce qui réduit à trente minutes la durée du temps pendant lequel il faut laisser brûler l'huile : alors on éteint la flamme, et ensuite avec la cuiller on fait tomber quelques gouttes de l'huile sur une assiette ou sur un morceau de verre; lorsqu'elles sont refroidies, on en prend entre les bras pour juger si le degré de consistance est convenable; il n'est pas nécessaire qu'elle ait acquis une qualité extrêmement poisseuse, il suffit qu'elle poisse un peu : alors on peut ajouter la résine, en y mettant la proportion indiquée précédemment pour le n° du vernis que l'on désire. L'addition se fait par petits morceaux, et lorsque la fusion de la totalité est complète, il s'est formé une écume sur la surface du produit; il faut y mettre le feu pour la dissiper, et on éteint la flamme ayant laissé brûler une demi-minute au plus. Si, malgré l'extrême facilité de la résine à prendre feu, l'huile était refroidie au point de ne pouvoir se rallumer en y présentant un fer rouge, il vaudrait mieux prendre la peine d'enlever cette écume avec l'écumoire que de remettre la marmite sur le feu pour ramener le vernis au degré de chaleur nécessaire pour que le feu y prenne. Avant le refroidissement, on transvase ce vernis dans l'ustensile qui doit le recevoir, et il peut se conserver indéfiniment.

Composition du vernis.

24 parties d'huile de lin ,
 4   de pain tendre ,
 4   d'oignons ,
 5   de résine blonde du commerce, pour le n° 1.
 6   id.   pour le n° 2.
 9   id   pour le n° 3.

Des noirs.

Les noirs d'os, d'ivoire, de vigne, de pêche et de liège ne sont nullement propres à l'impression lithographique, attendu qu'ils sont trop charbonneux et ne se mêlent que difficilement avec le vernis : on n'obtient qu'un noir lourd et compacte, qui ne permet pas d'imprimer des dessins légers. Le noir le plus généralement employé pour la lithographie est celui de fumée léger, provenant de la combustion des belles résines et de la poix de Bourgogne : il peut être employé tel qu'on le trouve dans le commerce ; mais, si on veut l'avoir plus fin et plus pur, on doit le calciner de nouveau. L'essence de térébenthine fournit encore un noir très beau ; mais de tous la plus belle qualité est celle du noir d'huile : on l'obtient au moyen d'une lampe recouverte d'un récipient de forme convexe ; il faut que la flamme touche la partie qui la recouvre, de manière à former un champignon ; l'appareil n'a pas besoin d'être très grand, et la fumée se condense parfaitement ; cependant comme la partie la plus légère du noir se dégage toujours du récipient, on devra couvrir le tout d'un bâtis cylindrique ou d'un châssis carré enveloppé d'une toile pelucheuse et recouverte de papier ; toutes les heures environ on découvre la lampe, et au moyen d'une plume on détache le noir qui s'est fixé aux parois du récipient. Lorsqu'on en a une quantité suffisante, on le met dans un creuset hermétiquement fermé, et lié avec du fil de fer ; on place le creuset dans un fourneau de chimiste entouré de charbon bien allumé, de manière à faire rougir le creuset complètement. Les Anglais se servent de ce noir pour l'impression de leurs belles gravures à la manière noire, ils y ajoutent presque toujours un peu de brun-rouge ou de la laque carminée, lorsqu'ils veulent avoir un noir plus chaud. On peut se servir du même procédé pour l'impression lithographique. On commence par broyer les couleurs à l'eau, et après les avoir fait sécher, on les broie de nouveau avec du vernis lithographique.

Le noir étant choisi, on le broiera avec le vernis convenable à l'aide du marbre et de la molette, moyen employé généralement par tous les imprimeurs.

Vernis pour imprimer les couleurs sur pierres lithographiques, par M. Ed. Knecht.

Les vernis à l'huile de lin conservent toujours une teinte jaune, verdâtre, qui empêche d'obtenir un bleu, un rouge ou un jaune bien franc. On est obligé de frotter des poudres sèches par dessus, pour que la nuance soit telle qu'on la désire. Il arrive qu'au bout d'un certain espace de temps le vernis traverse et tue la poudre, et que les couleurs tournent au vert.

On peut éviter cela en prenant :

  5 parties de térébenthine de Venise bien blanche,
15   d'huile de ricin également blanche et fraîche,
 1   de cire vierge.

On fait fondre au bain-marie les trois substances, puis on y mêle la quantité nécessaire de la couleur.

Pour éviter que ce vernis ne graisse la pierre, on se sert au lieu de l'eau pour l'humecter, de la composition suivante :

Faites bouillir dans un verre d'eau 25 grammes de noix de galle en poudre, filtrez et mettez une cuiller à bouche de cette décoction dans un demi-litre d'eau ; ajoutez-y une cuillerée de gomme arabique, délayez et mouillez avec ce mélange.

Vernis pour affiches lithographiques coloriées.

Le lithographe qui veut faire des affiches coloriées, peut mêler au vernis ci-dessus indiqué du blanc d'argent, charger la pierre avec cette couleur blanche, puis passer des couleurs sèches en poudre, à l'aide de pinceaux, sur les caractères imprimés en blanc.

En découpant une feuille de papier transparente, on resserre les parties voulues pour que la poudre ne touche que celles destinées à telle ou telle couleur.

On fait bien de laisser sécher la pierre avant d'y passer la couleur ; cependant, lorsque la pierre se tache, il suffira, après avoir coloré l'affiche, d'y passer une éponge imbibée d'eau dans laquelle on aura délayé un blanc d'œuf.

CHAPITRE V.

—

DE L'ENCRE DE LA CHINE.

On appelle ainsi une composition en pains ou en bâtons, qui, délayée avec de l'eau ou de la gomme arabique, et quelquefois avec un peu de bistre ou de sanguine, sert à tracer et à laver les dessins. Elle porte le nom d'Encre de la Chine, parce que les Chinois s'en servent à tracer avec un pinceau leurs caractères d'écritures, et c'est d'eux que nous en avons emprunté l'usage en l'appliquant au lavis.

L'encre de Chine véritable était très rare jadis en Europe, mais depuis que les relations commerciales sont devenues beaucoup plus multipliées, elle est arrivée en plus grande abondance, mais à des prix qui ont toujours permis de l'imiter par divers procédés que nous ferons connaître.

Les Chinois font l'encre de Chine avec le noir de fumée des vieux pins ; ils les brûlent dans des fourneaux d'une structure particulière, et conduisant la fumée par de longs tuyaux dans de petites loges bien fermées, dont le dedans est tapissé de feuilles de papier. La fumée, introduite dans ces cabinets, s'attache au papier et aux lambris, où elle se condense. Ils la laissent quelque temps séjourner dans ces loges, et ils la tirent pour en faire du noir de fumée qu'ils humectent ensuite avec de l'eau gommée pour en former des tablettes.

Celle qu'on fabrique en Chine et en Europe, se compose de plusieurs manières ; nous allons en indiquer les principales.

Encre de Chine à la gomme arabique.

On en prépare une sorte avec du noir de fumée tiré du saindoux brûlé. On en met pour cet effet un kilogramme (2 livres) dans une terrine, au milieu de laquelle on place une mèche allumée, comme à un lampion. On couvre la terrine d'un plat vernissé, ne laissant que le moins d'ouverture qu'il est possible entre la terrine et le plat. Lorsque la mèche aura brûlé pendant un certain temps, on ramassera le noir de fumée qui se sera attaché dans l'intérieur du plat, et on le calcinera ensuite pour le dégraisser. Quand cette opération sera finie, on en formera des pains, en délayant ce noir de fumée avec la gomme arabique.

Encre de Chine à la gélatine.

Quelques personnes, après avoir suffisamment calciné le noir de fumée, le détrempent avec de l'eau-de-vie, et le mettent plusieurs fois dans l'eau pour en séparer les matières hétérogènes ; et après avoir répété plusieurs fois cette opération, ils rejettent l'eau, et mettent alors le noir de fumée sur de la belle gélatine bien détrempée, broyent le tout sur un marbre, mettent cette pâte dans des moules de fer, enduits auparavant de noir de fumée, ou de poudre de noyaux de pêches brûlés, afin que la pâte ne s'y attache pas, et la font enfin sécher dans cet état. .

Formule de Mackenzie.

Prenez des noyaux d'abricots dont vous ôterez les amandes ; enveloppez bien exactement les coques dans deux feuilles de chou, l'une sur l'autre, et liez le paquet en plusieurs sens avec du fil de fer ou du laiton. Cela fait, si vous avez un four chauffé au point de faire cuire du pain, mettez-y le paquet avant que le pain ne soit enfourné ; ou, si cette commodité vous manque, mettez-le dans l'âtre de la cheminée, lorsqu'il est déjà échauffé : couvrez-le de cendres, et faites votre feu par dessus, car il ne s'agit que de réduire les coques en charbons bien consumés, sans brûler ni jeter des flammes. Lorsque le charbon est fait, laissez-le refroidir dans ses enveloppes, que vous ôterez ensuite, pour le piler dans un mortier couvert d'une peau, et le réduire en poudre impalpable, que vous passerez ensuite dans un tamis très-fin. Pendant que ces choses s'exécutent, faites fondre dans de l'eau de la gomme arabique en assez grande quantité pour que l'eau soit un peu épaisse ; ayez en même temps un marbre poli sur lequel vous mettrez de la poudre noire avec quelques gouttes d'eau gommée, et de l'un et de l'autre vous ferez avec la molette une pâte de la même façon que l'on broie et prépare les couleurs. Il faut ensuite mettre cette pâte dans de petits moules faits de cartes et frottés de cire blanche, de peur que la pâte ne s'y attache, et la laisser sécher en cet état ; alors l'encre est faite. L'odeur agréable que répand l'encre de la Chine vient de ce que les Chinois mettent un peu de musc dans l'eau, avant d'y faire fondre la gomme ; on peut donc encore les imiter en cela, et si l'on n'a point de musc, le remplacer par la fiente de fouine enveloppée dans un linge fin, ou par un peu d'écorce de calebasse verte, qui produisent le même effet, mais qui ne donnent aucune qualité à l'encre, non plus que le musc, dont tout le monde ne s'accommode pas.

Comme la pureté des matières contribue beaucoup à la beauté des compositions, ceux qui voudront faire l'expérience de celle-ci, auront soin de prendre de l'eau très claire, sans particules vaseuses ni pierreuses, en un mot, bien filtrée, telle que la donnent les fontaines domestiques ; et la gomme la plus blanche et la plus nette sera la meilleure.

Les différentes empreintes que l'on voit sur les bâtons d'encre de la Chine, sont les marques particulières de ceux qui la fabriquent. Les Chinois forment les caractères avec des empreintes ou moules de cuivre.

Formule Boswell.

Nous devons à M. Boswell le procédé suivant pour préparer une couleur noire ayant toutes les propriétés de l'encre de la Chine.

On prend de la lessive des savonniers (ou tout autre alcali caustique en dissolution), on la fait bouillir, et on y ajoute autant de râpure de corne qu'elle peut en tenir en dissolution ; la lessive étant saturée de la matière animale, on la laisse évaporer en la remuant avec une spatule de fer, jusqu'à ce qu'elle soit entrée dans une sorte de fusion, et qu'elle ait pris la consistance pâteuse : une chaleur très forte est nécessaire pour cette dernière partie de l'opération. Alors on retire la matière du feu, on la jette dans de l'eau, dont la quantité doit être double de la lessive employée ; on la remue, et on la laisse dissoudre pendant quelques heures : ensuite on sépare la liqueur de la matière insoluble, et on l'obtient transparente et totalement décolorée. Il faut y ajouter, goutte à goutte, une dissolution d'alun; il se formera aussitôt un précipité noir, qui, séparé de la liqueur, séché, et ensuite broyé avec de l'eau gommée, produit une couleur noire ayant toutes les propriétés de l'encre de la Chine.

Il est essentiel, pour la beauté de la couleur, de n'ajouter qu'autant d'alun qu'il est nécessaire pour précipiter toute la matière noire. L'auteur pense que l'acide vitriolique produirait le même effet que l'alun, sans en avoir les inconvénients.

Une circonstance particulière de ce procédé et qui mérite de fixer l'attention, c'est qu'une liqueur qui tient autant de matière charbonneuse en dissolution que celle dont nous avons parlé, soit si parfaitement claire et décolorée.

On aurait lieu de supposer que le carbone peut se trouver dans des liqueurs que l'on ne croit pas susceptibles d'en contenir, et qu'ainsi il est soluble dans l'eau à un degré beaucoup plus fort qu'on ne l'imagine communément, ce qui tend à nous expliquer de quelle manière cette substance entre dans les vaisseaux des végétaux avec l'eau qu'elle absorbe.

La couleur noire obtenue par le procédé de M. Boswell a toutes les propriétés de l'encre de la Chine, et produit une grande variété de nuances. Comme elle est préparée avec une substance animale, et que l'auteur a trouvé, par l'analyse, que l'encre de la Chine en contenait également, il est à présumer que, si ce n'est pas exactement la même composition, elle en diffère cependant très peu.

M. Darcet a fait observer qu'on avait déjà indiqué plusieurs fois les alcalis caustiques comme un excellent moyen de diviser le charbon à l'infini, et de le rendre par là très propre à la fabrication de l'encre de la Chine, ou en général à celle des encres indélébiles.

On parvient en effet, par ce procédé, à de bons résultats; mais la teinte trop noire n'est pas assez veloutée pour le lavis, c'est le défaut que l'on trouve aux encres préparées par le moyen des substances animales charbonnées du noir de fumée, etc.; aussi les dessinateurs leur préfèrent-ils celles qui sont faites à la Chine, et qui donnent des teintes si douces et si agréables.

Le père Dentrecolles qui a donné beaucoup de détails sur les arts que cultivent les Chinois, assure qu'ils fabriquent leur encre au moyen de noyaux calcinés au noir dans des vaisseaux fermés ; le charbon qui en provient est très compacte, très dur, et présente dans la cassure les couleurs de l'iris : on le broie bien, on le lave avec soin à l'eau chaude, et l'on en fait une pâte avec une dissolution de colle animale parfumée, par exemple, avec de la colle de poisson ambrée. Cette pâte est mise dans des moules de plâtre, et y prend les formes et les poinçons que veut y imprimer le manufacturier ; le moule absorbe l'humidité, et laisse détacher le pain que l'on achève de dessécher à l'ombre et lentement.

M. Darcet a répété ce procédé en employant la partie ligneuse des noyaux d'abricots, et a obtenu d'excellente encre indélébile, qui avait absolument la même teinte et le même velouté que la meilleure encre de la Chine.

Dans le procédé que présente M. Boswell, ainsi que dans tous ceux où l'on emploie les alcalis caustiques comme divisants, on a beaucoup de peine à séparer le sulfate de potasse ou de soude, du charbon et de l'alumine précipités ; il vaut mieux employer simplement des acides qui puissent former avec l'alcali un sel déliquescent ou du moins très soluble ; le vinaigre remplit parfaitement ce but, l'acide carbonique même suffit pour opérer la précipitation du charbon, et il paraît qu'on doit les préférer à l'alun qui a l'inconvénient de diminuer l'intensité de la couleur sans lui donner du velouté. Les colles animales donnent plus de liant à l'encre, et la fixent mieux sur le papier. L'analyse de celle de la Chine prouve que les Chinois ont fait la même observation et qu'ils en ont profité.

Formule de Duhalde.

Le père Duhalde a donné, comme extrait des ouvrages chinois, la recette suivante :

On fait bouillir dans de l'eau du suc de gingembre avec les plantes appelées *hohiang* et *kang-sang* et des gousses d'un arbrisseau désigné sous le nom de *tchu-hia-tsao-ko*. On clarifie, on fait évaporer en consistance d'extrait et on prend d'autre part :

   Colle de peau d'âne . . . 125 grammes
   Noir de fumée. 300

On fait dissoudre la colle dans l'eau, à consistance de miel, on l'unit à l'extrait et on broie avec le noir de fumée pour faire une pâte bien homogène que l'on comprime dans des moules ornés de dessins. Lorsque les Chinois retirent les bâtons du moule, ils les tiennent pendant quelque temps dans la cendre.

Autre formule de Duhalde.

Les Chinois se servent pour préparer l'encre de Chine de noir de fumée, de gélatine et de certaines essences et substances odorantes. La matière principale est le noir de fumée, de la bonté duquel dépend celle de l'encre. Pour le préparer en quantité suffisante, ils brûlent les aiguilles et les petits rameaux de sapin et reçoivent la fumée sur de petites tablettes mobiles, disposées au milieu et à la voûte du four. Ces fours en général ont plusieurs cheminées, afin de mieux distribuer la fumée ; lorsque les tablettes sont suffisamment chargées, on éteint le feu.

Le noir de fumée de première qualité s'obtient par la combustion lente et incomplète de certaines huiles. Le vase a la forme d'un œuf, une mèche est allumée dans l'huile et une quantité d'air insuffisante s'oppose à la combustion du carbone produit par la décomposition de l'huile, carbone qui se dépose sur la voûte du four. C'est avec ce noir fin qu'on fabrique l'encre dite de Nankin.

Duhalde a donné plusieurs recettes pour la préparation de l'encre de Chine. À Canton, où cette fabrication est très étendue, on procède ainsi qu'il suit :

Sur une certaine quantité de noir de fumée contenu dans une cruche en terre à large ouverture, on verse une solution bouillante de gélatine, on agite avec une spatule en bois jusqu'à mélange parfait, on laisse refroidir et, lorsque la masse a acquis la consistance nécessaire, on commence à mettre en moule. Les moules consistent en un plateau de bois dur, à rainures, on y dépose une certaine quantité de pâte, on l'y comprime fortement, de manière à avoir des bâtons portant les dessins gravés sur les parois des cavités. Les bâtons sèchent promptement à l'air ; on les livre alors à celui qui doit les décorer de dessins représentant des dragons, des lions, des chevaux, des hommes, des fleurs, etc., peints en or, en bleu ou en vert.

Avec l'encre préparée au noir de première qualité, il faudrait préalablement purifier la gélatine ou colle-forte, pour la débarrasser de son odeur désagréable, mais on aime mieux masquer cette odeur à l'aide du musc ou d'un autre arôme.

On reconnaît les premières qualités d'encre de Chine à l'éclat de la cassure des bâtons, à la finesse du grain et à son odeur agréable. Humectée et frottée sur l'ongle, elle doit s'étendre facilement. Les sortes inférieures ont un aspect mat, une cassure grenue et les ornements qui les chargent sont faits avec moins de soin, avec de l'or ou de l'argent de bas aloi qui noircissent à l'air.

Formule de Mérimée.

La gélatine ajoutée dans son état ordinaire, en assez grande proportion pour lier ensemble les particules de noir, produirait une encre épaisse, coagulable par le froid et peu coulante ; de plus elle se délayerait à l'eau sur le papier et les solutions végétales rapprochées ne modifieraient pas beaucoup ses propriétés. De nombreuses expériences portent aussi à croire que la gélatine que les Chinois emploient est altérée par une longue ébullition qui la rend plus fluide et lui ôte la propriété de se prendre en gelée. Voici, en conséquence, le moyen proposé pour faire de l'encre de la Chine de bonne qualité :

On rend la gélatine fluide et non susceptible de se prendre en gelée par une longue ébullition, on en précipite une partie par une infusion de noix de galle ; on fait dissoudre ce précipité dans l'ammoniaque, puis, on ajoute le reste de la gélatine altérée. Il faut que cette solution soit assez épaisse pour former avec le noir de fumée une pâte consistante, susceptible d'être moulée.

Le noir de fumée doit être choisi de la plus grande ténuité ; on peut prendre celui qui dans le commerce est connu sous le nom de noir léger fin ; on le mêle avec une quantité suffisante de colle préparée, on y ajoute un peu de musc ou quelque autre aromate pour masquer l'odeur de la colle-forte, puis on broie le tout avec soin sur une glace avec une molette. On donne ensuite à la pâte ainsi obtenue la forme de bâtons qu'on fait sécher lentement en les tenant recouverts de cendres, enfin on dore et on décore par l'application d'une feuille d'or sur toute leur superficie humectée.

Formule de Proust.

Le noir de fumée, traité par la potasse et broyé avec la colle forte, donne une encre aussi bonne que celle de Chine.

Formule de Guesneville.

Noir de fumée calciné . . . . } parties égales.
Charbon de bois d'Inde . . . }

On porphyrise bien le noir et le charbon, on les lave bien à l'eau, on décante, puis on broie ces noirs avec un mucilage de gomme adragante, exempte de grumeaux. Quand le mélange a acquis la consistance suffisante, on le comprime dans des moules.

Formule de Kasleteyer.

On calcine le noir de fumée, on le réduit en poudre impalpable et on l'incorpore à chaud avec une solution de colle de poisson. On évapore le mélange à une douce chaleur et on met en moules.

Encre de Chine, recette japonaise.

L'encyclopédie japonaise nous apprend que la meilleure encre de Chine qu'on prépare dans l'empire de Japon, se prépare en brûlant du camphre et recueillant la fumée ou le noir qui se dégage alors par les moyens ordinaires ; puis en y ajoutant de la colle forte préparée avec de la peau d'âne pour en faire des masses en bâtons.

Emploi du noir de fumée de camphre pour préparer l'encre de Chine, par M. H. Lucas.

J'ai communiqué, il y a déjà quelque temps, à la Société industrielle d'Erfurt ce fait intéressant, savoir : que le noir de fumée qui se forme par la combustion du camphre était très propre à faire une encre qui, dans mon opinion fondée d'abord sur la similitude de la teinte et ensuite par d'autres bonnes qualités, ne le cédait en rien à la véritable encre de Chine. J'ai adressé des échantillons de cette encre à la Société, dont les membres ont tous reconnu la réalité de cette assertion; seulement on a objecté qu'une encre de ce genre au prix où le camphre était alors coté, devait revenir trop cher pour qu'on puisse songer à faire une application industrielle de cette découverte. Je ne discuterai pas ici s'il convient de fabriquer une encre en tout semblable à la bonne encre de Chine; mais si cette question était résolue affirmativement, je crois qu'au prix réduit où est le camphre aujourd'hui (5 fr. 50 à 4 fr. le kilogr.), on pourrait très bien songer à préparer avec le noir de fumée de camphre une encre presque en tout semblable à celle de la Chine.

Pour préparer le noir de fumée de camphre, il importe de brûler cette matière avec le plus faible excès possible d'air atmosphérique, puis de dissoudre le noir dans l'alcool et, après la dessiccation, de former des tablettes avec une dissolution gélatineuse. On prépare aussi une belle couleur noire à l'eau avec une solution de gomme arabique.

Encre de Chine de Trommsdorff.

On dissout une partie d'extrait de Campêche broyé dans 8 parties d'eau bouillante et on y ajoute un peu de sulfate de cuivre ou couperose bleue broyée. Dans ce cas l'encre a une teinte bleuâtre, mais en séchant elle noircit beaucoup. On peut aussi remplacer le sulfate de cuivre par une petite quantité d'une solution de chlorhydrate de fer; cas dans lequel la liqueur a une couleur noir-brun et est plus coulante. Il faut faire attention de ne pas mettre une trop forte quantité de sel métallique, parce qu'autrement l'encre dépose, mais il est aisé de remettre le tout en suspension.

Encre de Chine au fiel de bœuf de Tomkins.

Le fiel de bœuf, mêlé avec du noir de lampe et de l'eau gommée, forme une couleur qui peut remplacer l'encre de la Chine.

Pour la préparer, il suffit de faire noircir par la fumée d'une chandelle ordinaire un morceau de terre ou de verre, de recueillir le noir qui s'y est formé, de le mêler d'abord avec de l'eau gommée, et ensuite avec du fiel de bœuf purifié. On obtient par ce moyen une couleur qui n'a pas besoin d'être broyée, qui est d'un beau noir, s'étend très facilement sur le papier, et ne peut en être enlevée sans le détruire.

Formule de Julia-Fontenelle.

Noir de fumée, dit noir léger   .   8 parties
Indigo très beau   1
Belle gélatine très transparente.   . quantités suffisantes.
Suc de réglisse de Calabre .   .   .

On traite le noir léger par une lessive alcaline ou deux fois son poids d'alcool à 38°. On filtre et on lave le résidu à grande eau en employant de l'eau distillée pour le dernier lavage.

On broie alors ce noir sur une table de marbre avec l'indigo, en y ajoutant un peu d'infusion de réglisse. Cette infusion se fait en prenant une partie de suc de réglisse et la faisant dissoudre dans 20 parties d'eau chaude à 50° c. On filtre cette solution, et on la fait évaporer jusqu'à consistance de sirop ; c'est en cet état qu'on en fait usage.

Lorsque le noir léger et l'indigo ont été broyés, on les laisse sécher et on les broie une seconde fois en y ajoutant un tiers d'infusion de réglisse sur deux de solution de colle altérée et en consistance de miel. On continue à porphyriser cette pâte qui doit avoir un certain degré de mollesse et lorsqu'elle est parvenue au plus haut degré de finesse, on la porte dans une étuve pour la faire sécher. Aussitôt qu'elle a acquis un certain degré de fermeté, on la bat fortement dans un mortier de marbre et on la comprime ensuite dans des moules faits en grès et légèrement huilés.

On peut parfumer cette encre avec un peu de musc, d'ambre gris, etc., et la recouvrir d'une feuille d'or en humectant la surface lorsque les bâtons sont suffisamment secs.

Manière de préparer le noir de cheminée pour s'en servir en place d'encre de la Chine.

Prenez du noir de four ou de cheminée ; faites-le calciner dans un creuset ou dans un pot de terre non vernissé ; lorsque le feu commence à le pénétrer, vous le verrez rougir, jetter des étincelles et pousser de la fumée : cette fumée est la partie huileuse qui s'évapore, quand vous n'en verrez plus sortir, retirez le pot du feu, et laissez-le refroidir. Lorsque la matière est refroidie, jetez-la sur un marbre, et broyez-la avec la molette en y versant de temps à autre un peu d'eau dans laquelle vous aurez fait dissoudre auparavant de la gomme la plus claire et la plus belle. Faites-en une pâte à laquelle vous donnerez une consistance suffisante pour lui imprimer ensuite telle forme que vous jugerez à propos, et vous la laisserez sécher. On peut aussi y mêler un peu de fiel de bœuf.

Encre propre à remplacer celle de Chine.

Prenez deux hectogrammes (6 onces environ) de colle de poisson, que vous réduirez en une colle liquide, en la faisant dissoudre sur le feu dans le double de son poids d'eau de rivière. Prenez ensuite trente grammes (1 once) de suc de réglisse d'Espagne, que vous ferez également dissoudre dans une quantité d'eau pesant le double de son poids, et délayez-y autant de noir d'ivoire le plus beau que vous pourrez trouver. Ajoutez ce mélange à la colle quand elle sera chaude, et remuez tous ces ingrédients avec une spatule, jusqu'à ce qu'ils soient incorporés. Faites ensuite évaporer toute l'eau dans un bain-marie, et versez ce qui reste de la composition dans des moules de plomb bien graissés, auxquels vous donnerez la forme que vous jugerez à propos. La couleur de cette composition est aussi bonne que celle que donne l'encre de la Chine. La colle de poisson, mêlée avec les couleurs, s'emploie aussi bien avec le pinceau que cette dernière encre; enfin le suc de réglisse d'Espagne rend l'un et l'autre très faciles à se dissoudre dans l'eau, quand on la frotte contre le fond du vase qui la contient; et c'est ce qu'on ne pourrait faire s'il n'y avait que de la colle de poisson, qui se mêle difficilement avec l'eau. Le suc empêche encore que cette espèce d'encre faite à l'imitation de celle de la Chine, ne se gerce et ne se fende en se séchant.

Noir de fumée qui peut servir d'encre de la Chine.

Prenez de la poix; mettez-la dans un creuset avec une mèche de coton que vous allumerez. Recevez la fumée sur une toile que vous disposerez au-dessus du creuset, ou dans quelque vaisseau concave qui peut être de fer-blanc, et que vous éleverez en sorte que la fumée n'étouffe point la flamme. Ce noir de fumée étant recueilli, vous le détremperez dans de l'eau gommée unie à un peu d'eau-de-vie, en y ajoutant un peu de sucre cristallisé pour rendre l'encre luisante, et vous en formerez des tablettes que vous ferez sécher lentement à l'ombre, et dont vous pourrez ensuite faire usage.

CHAPITRE VI.

—

DES ENCRES SYMPATHIQUES.

On appelle encres sympathiques toutes les liqueurs avec lesquelles on trace des caractères auxquels il n'y a qu'un moyen secret qui puisse leur donner une couleur autre que celle du papier. Ces espèces d'encres sont extrêmement curieuses, et peuvent servir à une infinité de récréations qui ne manquent jamais de surprendre les personnes peu instruites des procédés qu'on emploie pour leur composition. On les classe, par rapport aux substances qui les produisent, de la manière suivante.

PREMIÈRE CLASSE.

Première encre. Écrivez avec une solution de litharge ou oxide de plomb dans l'acide acétique ; l'écriture étant séchée à l'air, et non au feu, ne paraît pas.

Passez dessus un pinceau trempé dans une solution d'oxyde d'arsénic sulfuré jaune, dans l'eau de chaux ; ou bien, faites-lui en recevoir la vapeur : l'écriture paraît aussitôt, d'abord jaune et ensuite noire.

Vous pourrez l'effacer en y passant une troisième liqueur qui soit acide, comme de l'acide nitreux, ou de l'acide nitrique étendu d'eau.

Enfin, vous la ferez reparaître, si, après avoir laissé sécher le papier, vous y passez la même solution d'oxyde d'arsénic sulfuré jaune.

Il est aisé de voir que tous ces effets sont dus aux précipitations et solutions qui se succèdent.

Deuxième encre. Faites dissoudre dans l'acide nitro-muriatique tout l'or qu'il peut dissoudre, et affaiblissez cette solution par cinq ou six fois autant d'eau commune.

Faites dissoudre à part de l'étain fin dans l'acide nitro-muriatique ; lorsque le dissolvant en est bien chargé, ajoutez-y autant d'eau commune.

Écrivez avec la solution d'or sur du papier blanc. Laissez-le sécher à l'ombre et non au soleil : l'écriture ne paraîtra pas, du moins pendant les sept ou huit premières heures.

Trempez un pinceau dans la solution d'étain, et passez-le sur l'écriture d'or ; aussitôt elle paraîtra d'une couleur pourpre.

Vous pouvez effacer cette couleur pourpre de l'écriture d'or en la mouillant d'acide nitro-muriatique ; et vous la ferez reparaître une seconde fois en y repassant de la solution d'étain.

Troisième encre. Prenez, six décagrammes (2 onces environ) de solution d'or, autant d'oxyde de plomb par l'acide acétique, et autant de nitrate de potasse ; le tout bien broyé et mêlé. Mettez ce mélange dans un pot ou dans une bouteille de verre avec deux hectogrammes et demi (8 onces environ) d'acide acétique. Faites infuser sur les cendres chaudes pendant trois ou quatre heures, en remuant le mélange de temps en temps, et faites-lui jeter un bouillon sur la fin. Filtrez ensuite la dissolution par le papier gris, et conservez-la dans une bouteille bien bouchée pour vous en servir.

Imbibez de cette dissolution un feuillet de papier blanc, et après l'avoir laissé sécher, partagez-le en deux. Mettez en une partie dans un livre, et l'autre dessus la couverture du même livre. Ecrivez sur celle-ci ce qu'il vous plaira avec l'eau suivante, et le papier enfermé dans le milieu du livre, se trouvera écrit de même.

Prenez trente grammes (1 once) d'oxyde d'arsénic sulfuré jaune, et cent vingt-cinq grammes (4 onces) de chaux vive ; faites-les infuser dans un pot avec un demi kilogramme (1 livre) d'eau commune, et filtrez ensuite l'infusion que vous garderez pour vous en servir.

Afin de faire ces deux liqueurs, tant la première que la seconde, bien fortes, il faut, après les avoir filtrées, les distiller l'une et l'autre au bain-marie, ou au bain de sable ; et quand on veut en avoir une plus grande quantité, on augmente proportionnellement les doses.

Quatrième encre. Prenez trente grammes (1 once) de

chaux vive, et quinze grammes (demi-once) d'oxyde d'arsénic sulfuré jaune. Faites-les infuser ensemble sur la cendre chaude pendant une heure environ, avec un hectogramme et demi (cinq onces environ) d'eau commune dans une bouteille de verre bien bouchée, que vous agiterez de temps en temps. Passez ensuite l'infusion par le papier gris dans une autre bouteille de verre.

Prenez d'un autre côté neuf décagrammes (3 onces environ) d'acide acétique, et trente grammes de litharge ou d'oxyde de plomb. Faites infuser le tout à chaud pendant une demi-heure ; filtrez ensuite, et conservez la liqueur dans un vase bien bouché.

Lorsque vous voudrez vous servir de ces eaux, écrivez de cette dernière avec une plume neuve sur du papier blanc, les lettres ne paraîtront pas.

Quand vous voudrez les faire paraître, il vous suffira de tremper un papier blanc dans la première liqueur, de le mettre sur le papier écrit, et de les mettre à la presse pendant un demi quart-d'heure ; l'écriture alors paraîtra bien noire. On assure même qu'une rame de papier interposée entre les deux feuillets de papier, n'empêcherait pas cet effet d'avoir lieu.

Cinquième encre. Faites infuser cent vingt-deux grammes (4 onces environ) de solution d'or dans un quart de litre d'acide acétique, pendant douze heures de suite au soleil pendant les jours caniculaires, ou sur la cendre chaude dans tout autre temps, laissez reposer votre infusion pendant vingt-quatre heures ; coulez-la ensuite dans un linge fin et serré, et mettez cette liqueur dans une bouteille de verre bien bouchée.

D'un autre côté, prenez deux hectogrammes et demi (demi-livre) de chaux concassée, autant d'oxyde d'arsénic sulfuré jaune, et un quart de litre d'eau de pluie. Faites l'infusion comme ci-dessus, et ajoutez-y un peu d'acide nitreux. Après la colature, réservez la liqueur dans du verre fort.

L'infusion de l'une et de l'autre doit se faire dans du gros verre.

Écrivez avec la première liqueur, et mettez le papier écrit sous une feuille de papier, ou même sous une rame entière, et frottez le dessus de la rame avec la seconde liqueur : elle ira marquer les caractères qui ne paraissaient pas auparavant, sans faire de traces ni de taches au papier intermédiaire.

Sixième encre. Faites dissoudre un demi-kilogramme de tartrate acide de potasse calciné, dans deux kilogrammes d'eau commune que vous aurez soin de filtrer. Lorsque vous voudrez vous en servir, vous passerez par-dessus du coton imbibé de cette encre : aussitôt l'écriture disparaîtra ; mais lorsque vous voudrez la rétablir, vous ferez dissoudre trente gram. (1 once) de sulfate de zinc dans un demi-kilogramme (1 livre) d'eau, et vous filtrerez la dissolution. Vous passerez sur le papier du coton imbibé de cette eau, et aussitôt les caractères paraîtront tels qu'ils étaient auparavant.

DEUXIÈME CLASSE.

Première encre. Ajoutez à une solution d'or dans l'acide nitro-muriatique assez d'eau pour qu'elle ne fasse plus de taches jaunes sur le papier. Ce que vous écrirez avec cette liqueur ne commencera à paraître qu'après avoir été exposé au grand air pendant une heure environ. L'écriture continuera à se colorer lentement, jusqu'à ce qu'elle soit devenue d'un violet foncé presque noir. Si, au lieu de l'exposer à l'air, vous la gardez dans une boîte fermée, ou dans du papier bien ployé, elle restera invisible pendant deux ou trois mois ; mais à la fin elle se colorera et prendra une couleur violette obscure.

Deuxième encre. Une solution d'argent fin dans l'acide nitreux, qu'on a affaiblie ensuite par l'eau de pluie distillée comme on a affaibli celle de l'or, fait aussi une écriture invisible, qui, tenue bien enfermée, ne devient lisible qu'au bout de trois ou quatre mois ; mais elle paraît au bout d'une heure, si on l'expose au soleil, parce qu'on accélère l'évaporation de l'acide. Les caractères formés avec cette solution, sont de couleur d'ardoise, parce que l'acide nitreux est un dissolvant toujours un peu sulfureux, et que tout ce qui est sulfureux, noircit l'argent. Cependant comme cette qualité sulfureuse est volatile, elle s'évapore ; et dès qu'elle est entièrement évaporée, les lettres reprennent la véritable couleur de l'argent, surtout si celui qu'on a employé dans l'expérience est extrêmement fin, et si elle se fait dans un endroit exempt de vapeurs.

Troisième encre. On peut encore mettre dans cette classe plusieurs solutions métalliques, comme du plomb dans le vinaigre, du cuivre dans l'acide nitreux, qui donnent une couleur tannée sur le papier ; de l'étain dans l'acide nitro-muriatique, du mercure dans l'acide nitreux, du fer dans le vinaigre ; de l'émeri et de certaines pyrites dans l'acide muriatique ; mais toutes ces dissolutions qui, à l'air avec le temps, et au feu dans l'instant, donnent chacune leur couleur particulière, ont le défaut de détruire le tissu du papier, en sorte qu'au bout d'un an environ, l'écriture se trouve à jour et comme formée par des emporte-pièces.

TROISIÈME CLASSE.

Cette classe comprend presque tous les sucs glutineux et non colorés, exprimés des fruits et des plantes, le lait des animaux, et autres liqueurs grasses et visqueuses. On écrit avec ces liqueurs, et quand l'écriture est sèche, on y fait passer légèrement, et en remuant le papier, quelque terre colorée réduite en poudre fine, ou de la poudre de charbon. Les caractères resteront colorés, parce qu'ils sont formés d'une espèce de matière glutineuse qui retient cette poudre.

QUATRIÈME CLASSE.

Cette classe comprend toutes les infusions et solutions dont la matière dissoute peut se brûler à très petit feu, et se réduire en une espèce de charbon ; en voici un exemple :

Dissolvez une petite quantité de muriate d'ammoniaque dans six décagrammes (2 onces) d'eau pure. Ce que vous écrirez avec cette solution ne paraîtra qu'après l'avoir chauffé sur le feu, ou après avoir passé par-dessus un fer un peu chaud.

A ces encres sympathiques que nous venons de diviser en quatre classes, nous allons en ajouter indistinctement quelques autres non moins curieuses, et dont chacun pourra faire facilement l'expérience, parce que leur composition n'exige point l'emploi de matières difficiles à se procurer, ou trop chères pour un pareil amusement, et que leur préparation ne demande pas des mains exclusivement exercées à de semblables manipulations.

En voici une très facile à préparer.

Prenez trente grammes (1 once) d'acide nitreux que vous

mêlerez avec trois fois autant d'eau commune. Servez-vous de ce mélange pour écrire sur du papier qui soit un peu fort et bien collé. Cette écriture devient absolument invisible en se séchant; pour la faire reparaître, il suffit de mouiller le papier. En le laissant sécher, l'écriture disparaîtra de nouveau, et cet effet peut se reproduire jusqu'à deux ou trois fois.

Ce procédé est d'autant plus facile à exécuter, qu'on a presque toujours sous la main les objets nécessaires pour sa préparation.

Beaucoup de matières fournissent encore les moyens de faire des encres sympathiques, telles que le cobalt, le bismuth, le saffre etc; les plus faciles à se procurer sont celles que nous venons d'indiquer par le mélange de l'acide nitreux et de l'eau commune, par les dissolutions du sel et les acides, tels que le jus de citron et d'oignon; il suffit d'approcher ces écritures du feu pour les faire paraître; l'air froid produit sur elles l'effet contraire.

Encre sympathique qui paraît et disparaît quatre fois.

Faites fondre un peu de sulfate de zinc ou de cuivre dans de l'eau, et écrivez avec cette dissolution; l'écriture ne paraîtra point. Frottez-la avec un peu de coton imbibé de décoction de noix de galle; elle paraîtra. Imbibez un autre petit morceau de coton d'acide sulfurique étendu d'eau; passez-le légèrement sur l'encre; elle disparaîtra. Enfin, frottez-la avec un autre petit morceau de coton imbibé de potasse mélangée de carbonate de potasse en déliquescence, l'écriture reparaîtra, mais d'une couleur jaunâtre.

Écriture sympathique qui paraît à mesure qu'on la trace
avec de l'eau commune.

Faites calciner jusqu'à blancheur au soleil douze décagrammes (4 onces environ) de sulfate de fer. Prenez autant de poudre de noix de galle, et quarante-cinq grammes (1 once et demie) de sandaraque réduite aussi en poudre. Mêlez le tout ensemble; frottez-en bien votre papier, et écrivez ensuite avec de l'eau commune; les caractères y paraîtront de couleur noire aussitôt que vous les formerez.

Encre qui change trois fois de couleur.

Si on jette de la dissolution de sulfate de fer, ou de ce

même sulfate en poudre dans une forte décoction de roses sèches, il s'en formera aussitôt de l'encre aussi noire que l'encre ordinaire ; si l'on y verse quelques gouttes d'acide sulfurique étendu d'eau, cette encre deviendra rouge ; si l'on y ajoute un peu d'ammoniaque étendu d'eau, elle deviendra grise.

Encre sympathique noire tirée du bismuth.

Faites une dissolution de bismuth dans l'acide nitrique ; écrivez avec cette dissolution ; les caractères seront invisibles. Exposez-le papier à la vapeur d'un sulfure alcalin ; l'écriture paraîtra de couleur noire. Ces vapeurs sont si déliées et si actives, qu'elles peuvent même produire leurs effets à travers un volume entier de papier ; et cela est si vrai que si l'on écrit sur une des premières feuilles d'un *in-folio* avec la dissolution de bismuth, et si l'on met ensuite sur la dernière feuille de ce livre un papier imbibé de la dissolution du sulfure alcalin, les vapeurs pénétreront à travers toutes les feuilles du volume, fut-il des plus épais, et feront paraître l'écriture sous des traits noirs très marqués.

Autre encre sympathique noire.

Faites infuser des noix de galle dans de l'eau pure ; ou prenez une grosse noix de galle, creusez-la à l'endroit où il y a un petit trou en forme de petit encrier, et mettez-y de l'eau. Quand vous l'y aurez laissé séjourner quelque temps, écrivez avec cette eau sur du papier ; lorsque l'écriture sera sèche, il n'en paraîtra pas le moindre vestige. Si vous voulez faire paraître les caractères que vous avez tracés, vous ferez dissoudre du sulfate de fer dans de l'eau, et vous y tremperez une éponge, avec laquelle vous mouillerez légèrement votre écriture, qui deviendra aussi noire que si elle eût été tracée avec de l'encre ordinaire : jusques-là il n'y a rien de bien singulier, et ce n'est qu'un petit secret que beaucoup de personnes connaissent ; mais si vous voulez écarter tout soupçon et bien cacher l'artifice, vous pouvez, avant de faire paraître ces caractères cachés, mettre par dessus une écriture bien noire, que vous pourrez faire disparaître quand vous voudrez laisser lire la première. Pour cet effet, prenez de la paille d'avoine ; brûlez-la de manière qu'elle reste noire ; broyez-la ensuite et la mettez dans de l'eau ; vous aurez une encre que vous pourrez enlever très facilement en y passant l'éponge humectée de l'eau saturée de sulfate de fer dont vous vous serez servi pour faire paraître les caractères invisibles. Par là , vous effacerez la seconde écriture qui ne servira qu'à écarter le soupçon qu'on aurait pu avoir de la première , et en même temps vous ferez paraître la vraie dont vous aurez voulu dérober la connaissance à toute autre personne qu'à celle pour qui elle a été tracée.

Autre encre sympathique pour produire le même effet.

Prenez plein un gobelet environ d'acide acétique que vous mettrez dans une bouteille avec quinze grammes (demi once) de litharge d'or en poudre fine ; remuez de temps en temps ce mélange , à peu près quatre ou cinq fois pendant une heure. Laissez-le ensuite reposer pendant douze, quinze ou même pendant vingt-quatre heures. Ce temps écoulé , tirez-le à clair dans une autre bouteille par inclinaison , et rejetez le résidu. Bouchez bien la bouteille , et la gardez pour vous en servir, quand vous voudrez tracer des caractères invisibles. On écrit avec cette première eau ce qu'on ne veut pas laisser connaître à d'autres qu'à la personne pour laquelle cette écriture est destinée.

Prenez du liège à discrétion ; brûlez-le bien , et lorsqu'il ne donnera plus de flamme , jetez-le dans une écuelle avec un peu d'eau-de-vie par dessus , et couvrez votre écuelle. Pilez-le ensuite, et faites en une pâte que vous garderez pour vous en servir. Quand vous voudrez en faire usage , détrempez-en une certaine quantité avec de l'eau jusqu'à ce que votre encre soit coulante. Tracez avec cette encre des caractères apparents dont il vous soit indifférent que le sens soit connu.

Prenez d'eau rose et de suc d'oseille distillés égale et suffisante quantité ; mettez-les dans une bouteille en y ajoutant six décagrammes (2 onces) de chaux vive et trente grammes d'oxyde d'arsénic sulfuré jaune, tous deux bien broyés et mêlés ensemble, remuant le tout de temps en temps, comme il a été dit pour la première dissolution. L'ayant ensuite laissé reposer pendant quinze ou vingt heures, tirez à clair par inclinaison, et jettez le résidu :

lorsque vous voudrez effacer la deuxième encre et faire paraître la première, vous prendrez quelques gouttes de cette troisième, et avec du coton ou une éponge fine, en effaçant avec cette liqueur la seconde encre qui était visible, vous ferez paraître la première qui ne l'était point, ce qui semblera l'effet d'une écriture substituée sur-le-champ à une autre, et sur le même papier.

Encres sympathiques de quatre couleurs.

Encre jaune.

Prenez des feuilles de la fleur qu'on nomme communément *souci*, et les mettez tremper pendant sept à huit jours au moins dans de l'acide acétique. Exprimez alors le tout et en tirez une eau claire que vous garderez dans une bouteille bien bouchée. Si vous voulez une couleur plus pâle ou plus foncée, vous y mettrez plus ou moins d'eau.

Encre rouge.

Prenez de l'acide sulfurique, ou de l'acide nitrique étendu dans huit à dix fois autant d'eau, pour avoir une encre plus ou moins rouge.

Encre verte.

Faites dissoudre dans une quantité suffisante d'eau de rivière du carbonate non saturé de potasse, et le plus sec que vous pourrez vous procurer.

Encre violette.

Exprimez le jus d'un citron, et le conservez autant qu'il se pourra dans une bouteille bien bouchée.

Tout ce que vous écrirez sur du papier, ou toute autre espèce de corps blancs, tels que la toile, la soie, etc. que vous aurez trempés dans ces encres, paraîtront dans les couleurs ci-dessus désignées, lorsque vous les aurez ensuite trempés dans la liqueur ci-après.

Prenez une quantité suffisante de fleurs de violette, ou de pensée, ou de reine-marguerite; pilez-les dans un mortier en y mettant de l'eau, et exprimez-en le suc en les pressant à travers un linge. Gardez cette liqueur dans une bouteille pour vous en servir. On peut aussi employer au même usage une eau dans laquelle on aura fait tremper du tournesol. Cette substance se trouve chez tous les marchands de couleurs.

Le bouquet magique.

On peut avec les encres sympathiques de couleur décrites ci-dessus, imaginer bien des amusements qui pourront surprendre agréablement. (Voyez les *Manuels des sorciers*, de *Chimie amusante*, et de *Physique amusante* faisant partie de l'*Encyclopédie-Roret*). Nous citerons celui-ci comme un des plus agréables.

Faites faire par les ouvriers qui fabriquent les fleurs artificielles, une certaine quantité de feuilles faites avec du parchemin blanc, et des petites fleurettes de toile ou de cocons blancs de ver à soie, telles que des roses, des jonquilles, des œillets, enfin, toutes autres que vous jugerez à propos. Lorsque vous aurez ces différentes fleurs et feuilles, vous tremperez les roses dans l'encre sympathique rouge, citée à l'article précédent, les jonquilles dans l'encre sympathique jaune, les œillets dans celle qui est violette, et les feuilles dans l'encre sympathique verte. Laissez sécher le tout, et les assemblez ensuite pour en former plusieurs petits bouquets qui paraîtront tous blancs, et seront en état de servir à cette récréation, soit le même jour, soit même plusieurs jours après avoir été ainsi préparés et trempés dans ces encres différentes.

Si vous trempez un de ces bouquets dans un vase rempli de la liqueur faite avec le jus exprimé des fleurs de violette, ou de pensée, toutes les fleurs différentes et les feuilles de ces bouquets se coloreront aussitôt, eu égard aux différentes espèces d'encres sympathiques dans lesquelles elles auront été trempées.

Lorsqu'on voudra procurer cet amusement aux personnes qui ne le connaissent pas, on prendra un de ces bouquets, et après avoir fait remarquer que toutes les fleurs dont il est composé sont parfaitement blanches, on le trempera dans le vase où sera cette liqueur vivifiante, et on le retirera aussitôt, en faisant observer que chacune des différentes fleurs dont il se compose ainsi que ses feuilles, se sont teintes à l'instant dans chacune des couleurs qui leur couviennent et leur sont analogues, ce qui produira une surprise très agréable, à cause de la diversité des couleurs.

Il faut avoir soin de ne pas laisser voir la liqueur dans laquelle on trempe les fleurs, et à cet effet il convient de la mettre dans un vase de fayence ou de porcelaine, dont le col soit plus étroit que le fond. On doit aussi retirer doucement le bouquet, afin de laisser égoutter toute la liqueur. Voyez aussi le *Manuel du Fleuriste-artificiel* faisant partie de l'*Encyclopédie-Roret*.

Encres sympathiques de diverses couleurs, tirées du saffre.

Encre verte. Prenez du saffre en poudre, et le faites dissoudre dans l'acide nitro-muriatique pendant vingt-quatre heures, sur un feu très doux. Tirez ensuite la liqueur au clair par inclinaison. Ajoutez-y autant, et même deux fois plus d'eau, * et gardez cette liqueur dans une bouteille bien bouchée.

Ce que vous écrirez avec cette encre sera invisible, et ne paraîtra que lorsque vous exposerez le papier à une chaleur modérée, ou aux rayons d'un soleil très ardent. Les caractères seront d'une couleur verte, et semblable à celle que produit le vert d'eau dont on se sert ordinairement pour laver les plans. Ce qu'il y a de plus singulier dans cette encre, c'est qu'aussitôt que le papier est refroidi, et qu'il a pu seulement être pénétré de l'humidité de l'air, les caractères que la chaleur avait fait paraître se dissipent entièrement, ce qui peut se répéter même un assez grand nombre de fois, pourvu cependant qu'on n'échauffe pas trop le papier, attendu que si par une trop grande chaleur l'écriture prend une couleur de feuille morte, elle ne disparaît plus.

Cette encre se compose aussi avec le cobalt. Voici le procédé tel qu'il est enseigné par M. Hellot dans les *Mémoires de l'Académie des Sciences de 1757.*

Prenez ** trente grammes (1 once) de cobalt véritable. Pilez-le dans un mortier ; mettez-le ensuite dans un matras,

---

* Si cette encre était encore trop forte, et corrodait le papier, il faudrait y ajouter une plus grande quantité d'eau.

** Ce procédé est embarrassant pour ceux qui n'ont pas un laboratoire de chimie ; et d'un autre côté, il est assez difficile d'avoir du cobalt qui est

et versez dessus six ou neuf décagrammes (2 ou 3 onces)
d'acide nitro-muriatique affaibli par égale quantité d'eau.
Après la première ébullition, mettez ce matras sur un feu
de sable fort doux, et le tenez en digestion jusqu'à ce qu'il
ne paraisse plus de bulles d'air qui s'élèvent au-dessus de là
liqueur. Faites-la alors bouillir pendant un quart d'heure,
et cette dissolution prendra la couleur d'une bierre rouge.
Vous la laisserez refroidir, et vous la tirerez au clair sans la
filtrer. Versez-la ensuite dans une capsule de verre, et jettez-
y trente grammes (1 once) de muriate de soude. Mettez-la
sur un feu de sable, et remuez-la avec une spatule de bois
jusqu'à ce que tout le liquide soit évaporé. Il restera une
masse saline verdâtre que vous continuerez à remuer sans la
laisser sécher entièrement, et en séchant elle deviendra
d'une couleur rose. Vous mettrez ce sel dans une cucur-
bite, et y ajoutant sept à huit foisautant d'eau distillée que
son poids, vous la laissez dissoudre au feu de sable, et lorsqu'elle aura pris une couleur de lilas, vous la décanterez,
et la conserverez dans une bouteille bien bouchée.

Encre pourpre. Au lieu d'employer l'acide nitro-muriatique pour dissoudre le saffre, servez-vous d'acide nitrique, et
jettez-y peu à peu du carbonate de potasse non-saturé pour
éviter une trop grande effervescence. Laissez reposer la dissolution, et l'ayant ensuite tirée au clair, versez-y une suffisante quantité d'eau.

Ce que vous écrirez avec cette liqueur ne sera visible que
lorsque vous présenterez le papier au feu, et les caractères
prendront alors une couleur purpurine, qui disparaîtra
aussitôt que l'écriture sera refroidie.

Encre rose. Ayant fait dissoudre le saffre dans l'acide nitrique, si, au lieu de carbonate de potasse, vous y mettez
du nitre bien purifié, vous vous procurerez une encre rose
qui disparaîtra en se séchant et renaîtra en la présentant
au feu.

Ces trois sortes d'encres peuvent se mêler ensemble, et
produire des encres d'autres couleurs, sans altérer leurs
vertus ; en mêlant la pourpre avec la verte, on fera une

rare en France. Cette encre réussit également bien avec le saffre, qui est une
matière qui contient toujours un peu de cobalt, et qui se trouve chez presque tous les droguistes.

encre bleue ; en mêlant la pourpre avec la rose, on aura une *encre gris de lin.*

On peut aussi, avec ces encres sympathiques de couleur, imaginer divers amusements qui causeront une surprise agréable aux personnes qui ne connaîtront point les propriétés de ces encres. On en va voir un exemple dans l'article suivant que j'emprunte au *Manuel de Physique amusante de l'Encyclopédie-Roret.*

Tableau représentant l'hiver, lequel change et représente le printemps.

Ayez une estampe représentant l'hyver, qui soit très peu chargée de gravure, c'est-à-dire, qui ne soit gravée qu'au simple trait, et telle qu'on en trouve chez les marchands d'estampes parmi les cahiers de gravures qui servent à apprendre à dessiner le paysage. Peignez et ajoutez-y avec l'encre sympathique verte décrite ci-dessus et aux endroits convenables, des feuilles, en observant de vous servir d'une encre plus faible pour feuiller les arbres qui sont dans les lointains. Employez les autres encres à peindre les objets auxquels leurs couleurs peuvent avoir quelque rapport. Cette préparation étant faite, laissez sécher le tout, et mettez votre estampe sous un cadre garni de verre. Couvrez-la par derrière d'un papier qui soit seulement collé sur cette bordure.

Lorsqu'on présentera ce tableau à un feu modéré, ou lorsqu'on l'exposera pendant quelque temps à l'ardeur du soleil, tous les objets colorés, qui étaient restés invisibles, paraîtront. Les arbres se garniront de feuilles et ce tableau, qui représentait l'hyver, offrira tout-à-coup l'image du printemps. Aussitôt qu'il sera refroidi, il reprendra son premier état, ce qui procurera la satisfaction de pouvoir répéter cet amusement autant de fois que l'on jugera à propos.

On peut, suivant cette méthode, peindre de semblables sujets sur des écrans ; ils paraîtront lorsqu'on en fera usage pour se garantir de l'ardeur du feu.

Encre sympathique de deux couleurs.

Encre noire. Faites dissoudre du sulfate de fer dans de l'eau commune, et ajoutez-y un peu d'acide nitrique, pour empêcher le précipité jaunâtre qui s'y forme toujours. Écrivez sur du papier avec cette dissolution, en vous servant d'une plume neuve : les caractères tracés ainsi seront invisibles.

Faites infuser dans de l'eau ou dans du vin blanc des petites noix de galle d'Alep, noires, très petites, et légèrement concassées. Au bout de deux ou trois jours, tirez cette infusion à clair. Si vous la passez avec un pinceau ou une éponge fine sur l'écriture invisible, elle paraîtra d'un très beau noir, particulièrement si l'infusion de noix de galle est un peu forte.

Encre bleue. Les caractères invisibles que vous aurez tracés avec la première dissolution, paraîtront d'une couleur bleue très belle, si vous les mouillez avec du prussiate de potasse ; et ceux qui seraient écrits avec cette liqueur elle-même, et qui seraient pareillement invisibles, deviendront de même d'un très beau bleu, étant humectés avec une dissolution de sulfate de fer.

Encre sympathique ayant un éclat métallique.

Quand on trempe une plume neuve dans du sulfure alcalin en liqueur, et que l'on passe cette plume sur des lignes écrites avec de la dissolution de plomb dans du vinaigre, l'écriture, ainsi qu'on l'a vu plus haut, devient noire ou brune ; il suffit même d'écrire avec la dissolution de plomb sur la première feuille d'un livre blanc, et de mouiller les dernières feuilles avec du sulfure alcalin pour que ce phénomène ait lieu. L'écriture devient noire, même dans le cas où il y a beaucoup de papier entre elle et le feuillet mouillé de sulfure alcalin.

En faisant cette expérience avec quelques changements que nous allons indiquer, on obtiendra une encre qui prendra une teinte métallique très sensible, effet qu'on n'a pas encore remarqué dans les autres espèces d'encres sympathiques.

Versez dans un verre trente grammes de sulfure alcalin en liqueur, préparé en faisant bouillir deux parties de carbonate de potasse, et une partie de soufre dans un peu moins de deux hectogrammes d'eau (6 onces). Exposez au-dessus de ce verre des lignes écrites avec de l'acétate de plomb encore mouillées, en versant dans le même moment un acide minéral dans le sulfure alcalin. Versez successivement dans le verre de l'acide muriatique et du sulfure alcalin ; et l'écriture non-seulement deviendra brune, mais elle prendra un éclat métallique et une teinte argentine. Si l'on a bien opéré, et si on n'a pas tracé des caractères trop déliés, l'écriture conservera cet éclat métallique, même étant sèche.

Encre sympathique qui ne laisse apercevoir l'écriture dont elle est formée qu'en la trempant dans l'eau.

Faites dissoudre une quantité suffisante de sulfate d'alumine dans de l'eau, et servez vous en pour tracer tels caractères que vous voudrez. Si vous trempez dans l'eau le papier sur lequel ils ont été tracés, et qu'ensuite vous les présentez au jour, vous y distinguerez très bien ce qui était invisiblement écrit, attendu que ces caractères sont beaucoup plus obscurs que le reste du papier, et qu'ils seront bien plus longtemps à s'imbiber d'eau. Cet effet aura lieu quand même il y aurait longtemps que les caractères seraient tracés. Lorsqu'on se sert de cette méthode, il faut écrire premièrement des choses indifférentes avec de l'encre ordinaire, et ensuite, dans les interlignes, ce qu'on désire être secret.

C'est par ce même moyen qu'on empêche le papier de s'imbiber, ou de boire la couleur ou l'encre. A cet effet, on trempe dans une légère dissolution de sulfate d'alumine les estampes que l'on veut colorer ou le papier dont on doit se servir.

Encre qui n'est visible qu'en opposant le papier au soleil ou à la lumière d'une bougie.

Prenez de l'oxyde de plomb blanc par l'acide acétique, ou toute autre couleur blanche, et détrempez-la avec de l'eau chargée de gomme adragant ; écrivez avec cette liqueur : votre écriture ne s'apercevra qu'en opposant le papier à la lumière, parce que les caractères seront opaques et moins pénétrés de la lumière que le reste du papier.

Encre qui n'est visible qu'en l'exposant à la chaleur.

Tracez vos caractères avec du jus d'oignon ; ou écrivez avec la dissolution de trente grammes (1 once) de muriate ammoniacal dans un verre d'eau.

Encre sympathique qui prend différentes couleurs sur le même papier.

Trempez un pinceau de poils de chameau dans quelqu'acide fort, comme de l'acide sulfurique étendu d'eau; passez-le sur une partie du papier, et quand il sera sec, écrivez dessus avec une plume trempée dans du suc de fleurs de violette : l'écriture paraîtra aussitôt d'une très belle couleur rouge.

Si vous écrivez simplement avec du jus de violette sur un endroit du papier non préparé, votre écriture sera d'un bleu tirant sur le violet.

En frottant une autre partie du même papier avec un pinceau trempé dans quelque sel alcalin, tel que le sel d'absinthe dissous dans l'eau, et en laissant sécher cet endroit du papier, si vous écrivez dessus avec du jus de violette, vous aurez une écriture d'une belle couleur verte.

En écrivant avec du jus de violette sur une partie du papier imbibée d'une teinture d'acier, vous aurez une écriture noire.

Si vous écrivez avec du jus de violette, et si d'un côté de l'écriture vous passez une éponge imbibée d'une dissolution d'acide sulfurique étendu d'eau, et de l'autre de l'esprit de corne de cerf ou du sel d'absinthe dissous dans l'eau, vous aurez du rouge et du vert.

En l'exposant au feu, vous aurez une écriture jaune.

Plus les écritures vieillissent, plus la couleur en devient belle : de même aussi, plus l'on a laissé de temps l'acide sulfurique et le sel d'absinthe dissous sur le papier avant que d'écrire, plus les couleurs paraîtront vives.

Encre au moyen de laquelle on peut écrire sur un verre par l'effet des rayons du soleil.

Dissolvez de la craie dans de l'acide nitrique jusqu'à consistance de lait, et versez-y une bonne dissolution d'argent. Gardez le tout dans une bouteille de verre blanc qui soit bien bouchée. Lorsque vous voudrez vous en servir, découpez des lettres à jour sur un morceau de papier, et le collez sur un des côtés de cette bouteille. Exposez-la ensuite au soleil de manière que ses rayons puissent passer au travers de l'ouverture des lettres sur la surface de cette liqueur. Alors l'endroit éclairé où se trouvera la liqueur se noircira, et le reste demeurera blanc. Il faut avoir soin de ne pas remuer la bouteille pendant le temps que dure cette opération.

Crayon sympathique pour écrire sur le verre.

Formez un crayon avec de la craie d'Espagne ou du sulfate de cuivre. Servez-vous en pour écrire sur une glace ou sur un morceau de verre, et effacez ensuite l'écriture avec un linge. Lorsque vous voudrez la faire paraître, il suffira de jeter votre haleine sur cette glace. Cette écriture paraît et disparaît à plusieurs reprises, et peut donner lieu à divers amusements.

D'après ce qui vient d'être dit dans le contenu de ce chapitre, on voit qu'il est possible d'imaginer encore une infinité d'autres espèces d'encres sympathiques ; il suffira d'ajouter qu'on en peut faire de presque toutes les couleurs.

La dissolution d'or donne une encre sympathique *purpurine*.

La mine de cobalt préparée avec le muriate de soude, le nitre ou le carbonate de potasse non saturé, donne une encre *verte, rose* ou *purpurine*, comme on l'a vu plus haut.

Le saffre procure une encre *verte*.

La dissolution de sulfate de fer vivifiée par le prussiate de potasse, produit une encre *bleue*.

La dissolution d'argent en fournit une couleur *d'ardoise*.

L'acide sulfurique affaibli dans une grande quantité d'eau, donne une couleur *rousse*, etc, etc.

Enfin, divers sucs des végétaux tirés par infusion, trituration ou expression, donnent aussi des encres de différentes couleurs.

L'acide citrique fournit une encre *brune* après l'avoir exposée au feu.

Le jus de cerises donne une couleur *verdâtre*.

Celui d'oignon une couleur *noirâtre*.

Le vinaigre, une couleur *rouge pâle*, etc, etc.

Le degré de chaleur, pour faire paraître les caractères écrits avec ces différents acides, n'est pas le même et doit être modifié ; l'acide citrique est celui qu'il faut le moins chauffer.

Sur les encres dites sympathiques, par M. A. Vogel.

Quoiqu'il soit très rare dans la vie ordinaire de rencontrer des occasions où l'on ait besoin de faire usage d'une encre qui incolore lorsqu'on l'applique sur le papier n'apparaît en caractères visibles que lorsqu'on soumet à quelques manipulations chimiques, il y a cependant des circonstances et je citerai entre autres des discussions judiciaires, des cas de chimie légale, où il y a de l'intérêt à rechercher si un acte a été écrit ou chargé avec une encre de cette espèce, et où il importe de rendre visibles les choses qui peuvent avoir été écrites ainsi. Les conditions nécessaires que doit remplir une encre de ce genre sont : 1° d'être complètement sans couleur, afin qu'on ne puisse en aucune façon reconnaître les caractères qui ont été tracés ; 2° la simplicité et l'efficacité des moyens chimiques ou mécaniques qu'il convient d'employer pour faire apparaître les caractères.

J'ai réuni dans ce qui va suivre quelques notions, les unes connues, les autres nouvelles, que j'ai toutes soumises à des épreuves qui me paraissent remplir le but, et qui peut-être dans l'occasion pourront donner lieu à des applications dans les arts.

1° *Amidon et iode.* On écrit avec une colle de pâte suffisamment étendue, par exemple, avec de la colle de fécule de pomme de terre récemment préparée, et on fait apparaître l'écriture avec de l'eau d'iode préparée à froid. Ce procédé donne d'excellents résultats et présente sur beaucoup d'autres cet avantage que l'amidon ne peut être découvert que par l'iode. Quand on chauffe, les caractères tracés et la colle ne deviennent pas visibles. Les lettres que fait apparaître l'iode disparaissent par la chaleur, même à la température ordinaire, avec le temps. Les vapeurs d'iode ne peuvent remplacer l'eau d'iode et ne donnent pas de résultats satisfaisants. Il va sans dire que dans ce procédé le papier doit être bien exempt de colle de pâte ; car on sait que l'iode colore déjà en bleu foncé beaucoup de sortes de papiers, surtout celles dites à lettres, à raison de la quantité d'amidon qu'ils renferment et, par conséquent, qu'ils ne peuvent servir avec cette encre.

2° *Cyanoferrure de potassium et sels de cuivre ou de fer.* Dans ce cas, le résultat dépend beaucoup du degré de dilution des solutions qu'on emploie. L'indication du degré de dilution s'établit en volume dans les données suivantes sur le rapport de dilation à la température ordinaire des solutions saturées.

Avec le cyanoferrure de potassium l'écriture dans le rapport de 1 : 1 (par conséquent, 1 volume à la température ordinaire de solution saturée et 1 volume d'eau) et de 1 : 2 est encore grandement visible sur le papier et acquiert par la cristallisation du sel un éclat nacré. Les rapports de 1 : 3 et plus pour la dilution ne présentent plus ce phénomène.

Pour faire apparaître cette écriture, on se sert de la solution soit d'un sel d'oxyde de fer, soit d'un sel d'oxyde de cuivre. La couleur des premières est plus élégante, mais les sels de cuivre donnent plus aisément au total un résultat satisfaisant.

Si on se sert de la solution d'un sel de fer, on ne peut guère l'employer qu'à l'état de concentration, même quand la solution de cyanoferrure de potassium, avec laquelle on a écrit, a été fortement étendue. Si on emploie les solutions des deux sels à l'état concentré, l'écriture apparaît inégalement, elle n'adhère pas au papier de manière à ce qu'on peut l'enlever avec le filet d'eau de la bouteille à laver. Avec les rapports pour la solution de cyanoferrure de 1 : 1 et de 1 : 2, il est impossible d'obtenir un résultat tant soit peu satisfaisant ; d'ailleurs, il faut bien, comme on l'a déjà fait remarquer, renoncer à faire l'application de ces solutions, puisqu'elles sont apparentes sur le papier. Le rapport de 1 : 3 donne, il est vrai, un précipité bleu foncé, mais l'écriture a encore un aspect fort irrégulier. Le rapport de 1 : 11 fournit, avec une solution même modérément étendue d'azotate de fer, une écriture colorée en bleu suffisamment intense qui adhère fortement et très uniformément au papier. Ce rapport ou tout autre qui s'en rapprochera pour la dilution du cyanoferrure paraît être le plus avantageux. Si l'on se sert pour faire apparaître l'écriture, d'une solution extrêmement étendue d'azotate de fer, l'écriture pâlit considérablement et les caractères bleu-clairs sont toujours entourés d'une sorte de halo, mais la couleur est bien uniforme et ils adhèrent fermement au papier. Les lavages à l'acide azotique relèvent encore la pureté de la couleur.

Quand on chauffe, les caractères écrits avec la solution

de cyanoferrure deviennent d'abord gris, puis ensuite brun-foncé, à mesure que le papier commence lui-même à brunir. Que l'on chauffe ou non la solution de l'azotate de fer, le résultat ne paraît pas en effet sensiblement modifié.

C'est dans ce cas qu'on peut faire revivre les caractères d'écriture qui ont pu être enlevés par le chlore. Un papier écrit avec de l'encre ordinaire à la noix de galles devient complètement incolore au bout de quelque temps d'immersion dans l'eau de chlore ou dans une solution de chlorure de chaux à laquelle on a ajouté de l'acide chlorhydrique. Si on mouille la partie qui a été blanchie avec de la solution de cyanoferrure, l'écriture apparaît en bleu, couleur qui ressort encore d'avantage quand on humecte avec l'acide chlorhydrique. On fait apparaître les caractères en noir en mouillant avec du sulfure d'ammonium, du sulfure de calcium ou de l'acide gallique. La possibilité de faire réapparaître l'écriture repose sur cette circonstance, que le chlore n'a détruit que la matière organique de l'encre, à savoir : l'acide gallique, mais non pas le sel de fer.

Si on se sert pour rendre l'écriture visible d'un sel de cuivre, il faut alors faire usage d'une solution concentrée de cyanoferrure, parce que dans ce cas les caractères sont plus aussi exposés à être enlevés par ces lavages, et à présenter des inégalités dans la coloration que quand on emploie l'azotate de fer. Les rapports entre 1 : 5 et 1 : 11, où le dernier donne un rouge rosé qui n'est pas pur, paraissent les plus avantageux ; de cette manière on peut étendre fortement la solution de sulfate de cuivre ; si on fait chauffer cette solution, on relève le relief de l'écriture.

Quand on mélange les deux sels de fer et de cuivre pour faire apparaître l'écriture, on n'obtient qu'un résultat fort inégal et où la couleur est le gris violet, quand on a établi un certain rapport entre les deux sels. Dans les gros caractères qui offrent une plus grande surface, le précipité de cuivre se distingue de celui de fer et des petits caractères, en ce que toute l'écriture apparaît comme maculée et par taches.

3° *Sel de fer et sulfocyanure de potassium.* L'écriture avec le sel de fer est par elle-même assez visible, même quand la solution est très étendue. La solution dans l'eau de sulfocyanure de potassium disparaît elle-même complètement par des lavages et, par conséquent, si on veut se servir de cette encre, il faut employer le sulfocyanure en solution alcoolique qui fait ressortir nettement l'écriture en rouge rosé.

4° *Sel de fer et acide gallique.* Quand l'acide gallique est bien exempt de corps colorants, on peut se servir avec beaucoup de succès de sa solution concentrée froide sans l'étendre. Elle fournit une écriture bien égale que les lavages enlèvent peu et d'un gris bleu. Avec dilution dans le rapport de 1 : 2, l'écriture a encore une intensité suffisante ; celui de 1 : 5 est le plus avantageux, à raison de la difficulté pour apercevoir l'écriture latente ou cachée. Quand on étend dans le rapport de 1 : 11, l'écriture est excessivement pâle, et dans celui de 1 : 23 elle n'est plus visible. On peut se servir aussi avec les sels de fer de solutions modérément étendues d'acide tannique (tannin). L'écriture avec l'infusion de noix de galles, même à un haut degré de dilution, est encore par elle-même visible sur le papier. Quand on chauffe l'écriture à l'acide gallique ou l'acide tannique, elle devient faiblement apparente, ce qui doit être dû à quelques traces d'impuretés.

5° *Azotate de protoxyde de mercure et alcalis.* Par une dilution de 1 : 0 jusqu'à 1 : 5, on découvre encore facilement sur le papier les traces de l'écriture qui apparaît en beau noir, quand on mouille avec la potasse, le carbonate de potasse ou l'ammoniaque. La dilution de 1 : 11 donne, quand on humecte comme ci-dessus, une teinte gris-noir ; celle de 1 : 23 encore une écriture bleu-grisâtre, facile à lire. Pour le résultat, il est indifférent d'employer l'ammoniaque à l'état gazeux ou à l'état liquide, seulement ce dernier agit avec plus de promptitude. Les caractères rendus sensibles par l'ammoniaque disparaissent au bout de quelque temps, mais peuvent être rétablis. Mais comme la potasse attaque toujours le papier, il est préférable de se servir de l'ammoniaque. On peut aussi, pour rendre ces caractères sensibles, se servir d'une solution de borax ou du chromate double de potasse, qui fait apparaître encore nettement en rouge-orangé l'écriture faite avec l'azotate de protoxyde de mercure étendu dans le rapport de 1 : 15. Quand on chauffe, l'écriture à l'azotate de protoxyde de mercure est encore visible avec une dilution de 1 : 23.

6° *Sels d'oxyde de cuivre et alcalis.* Le rapport de 1 : 3 d'une solution de sulfate de cuivre donne une encre facile à lire seule sur le papier. Dans celui de 1 : 8, elle n'est plus visible et est mise en relief par l'ammoniaque, la potasse ou le carbonate de potasse. C'est l'ammoniaque gazeuse qui est la plus propre pour cela.

7° *Sulfate de protoxyde de manganèse et chlorure de chaux.* L'écriture avec la solution de sulfate de protoxyde de manganèse dans le rapport de 1 : 0 et de 1 : 1 est visible sur le papier et devient brun foncé avec la solution de chlorure de chaux. Dans celui de 1 : 7 elle ne s'aperçoit plus et le chlorure de chaux la fait encore très bien ressortir ; dans celui de 1 : 15 on ne peut plus lire qu'avec peine. Quand on chauffe l'écriture à la solution de sulfate de protoxyde de manganèse, jusqu'à ce que le papier commence à roussir, les caractères apparaissent encore avec une dilution de 1 : 15.

8° *Chlorure de cobalt.* La solution de chlorure de cobalt étendue jusqu'à ce qu'on ne puisse plus l'apercevoir sur le papier, ressort en une belle couleur vert-bleu, quand on la chauffe légèrement. Après le refroidissement, elle pâlit et disparaît, si on a chauffé avec précaution, quand on projette dessus son haleine. On peut tirer de même un parti avantageux de l'acétate de protoxyde de cobalt avec le sel marin. Un mélange d'une solution de sel marin et d'une solution de cuivre fournit une encre analogue qui, quand on chauffe, apparaît avec une couleur jaune. Mais une écriture jaune est difficile à lire et invisible à la lumière des lampes, et en conséquence, le chlorure de platine et de potassium ainsi que le chromate de plomb ne peuvent remplir le but.

9° *Acide sulfurique étendu.* Un volume d'acide sulfurique du commerce étendu de 47 volumes d'eau, donne une écriture qui, quand on la chauffe, apparaît en noir intense, sans que le papier roussisse sensiblement avec le degré de chaleur qu'on est obligé d'employer. Néanmoins ce papier, même avec ce degré de dilution est aigre, et cassant dans tous les points marqués par l'acide.

10° *Solution concentrée de potasse caustique.* Pour faire apparaître les caractères tracés avec une solution de potasse caustique, il faut un degré assez élevé de température; cette écriture paraît brun foncé. Le papier ne devient pas cassant comme avec l'encre précédente.

11° *Sel de plomb et sulfure de calcium.* La solution de

sulfure de calcium qu'on obtient en faisant bouillir de la chaux avec du soufre, est préférable àtoutes lesautres combinaisons du soufre, parce qu'elle est inodore. Une solution étendue d'un sel de plomb qu'on mouille avec cette préparation de soufre donne une écriture très égale, bien définie, de couleur brun-rougeâtre. A cette série appartiennent tous les sels métalliques qui peuvent être affectés dans leurs couleurs par les combinaisons de l'acide sulfhydrique.

CHAPITRE VII.

—

ENCRES DIVERSES.

—

Encre noire indélébile pour écrire sur le zinc.

Pour écrire les noms des plantes sur les étiquettes en zinc on se sert avantageusement de la composition suivante :

	Parties.
Vert de gris pulvérisé. . . .	1
Sel ammoniaque en poudre . .	2
Noir de fumée.	0,5
Eau	10

On mélange les substances pulvérisées dans une capsule en verre ou en porcelaine et on y ajoute l'eau nécessaire pour faite une pâte homogène. On verse dessus le reste de l'eau et on agite bien le tout.

La bouteille dans laquelle on conserve cette composition doit être agitée avant d'écrire sur le zinc. Au bout de quelques jours l'écriture est très solide. On peut remplacer le noir de fumée par un noir animal.

Encre noire indélébile pour écrire sur le zinc, de Grassi.

On s'est servi en Angleterre pour écrire sur le zinc, d'une

solution de chlorure de platine, mais avec le sel de cuivre on atteint tout aussi bien le but. M. Grassi fait avec une solution de sulfate de cuivre, légèrement épaissie avec de la gomme et dans laquelle il met en suspension un peu de noir de fumée, des étiquettes qui résistent pendant longtemps à l'air et même quand elles sont enterrées dans le sol.

Encre à écrire sur le ferblanc.

Pour écrire le nom des plantes sur du ferblanc, on prend:

Acide nitrique	10 parties
Eau	10
Cuivre	1

On dissout le cuivre dans l'acide nitrique, et quand la dissolution est opérée, on y ajoute l'eau.

On peut, au moyen de cette liqueur, écrire avec une plume sur des carrés ou des rognures de ferblanc. Si ce ferblanc était imprégné d'une matière grasse et ne prenait pas l'encre, on le frotterait d'abord avec un linge qu'on aurait enduit préalablement de craie lavée et sèche.

Encre à copier de R.-T. Beau.

Cette encre que l'auteur, on ne sait à quel propos, a appelée électro-chimique, se compose de :

	Parties en poids.
Bière double	1060
Noix de galle	95
Gomme arabique	32
Couperose calcinée	40
Racine de tormentille	20
Noir de lampe	10
Sucre candi	10
Sucre blanc	60
Miel de 1re qualité	5

Encre à copier économique.

On peut préparer économiquement une encre de ce genre en prenant 2 volumes d'encre à écrire ordinaire, mais bien noire, assez fortement épaissie à la gomme et au sucre, à laquelle on mélange 1 volume du bain de teinture de la cuve d'indigo. Les lettres écrites avec cette encre peuvent donner 3 à 4 copies fort lisibles.

Encre pour inscriptions, épitaphes, sur le marbre, la pierre, etc.

Cette encre se prépare en prenant de l'huile de lin cuite, ou vernis des imprimeurs, auquel on ajoute du noir de fumée et de l'asphalte, en faisant cuire le tout à petit feu, jusqu'à consistance suffisante.

Encre indélébile de Sheldrake.

M. Sheldrake propose comme supérieure la composition qui suit :   Asphalte dissout dans l'essence de térébenthine,
Vernis d'ambre,
Noir de fumée.

Cette encre s'emploie particulièrement pour faire les étiquettes sur les vases qui contiennent des substances corrosives.

APPENDICE A LA FABRICATION DES ENCRES.

Encre d'impression délébile à la glycérine.

M. Th. De la Rue a proposé en 1854 de composer une encre délébile pour l'impression des billets de banque et les effets de commerce en se servant pour véhicule de la glycérine. A cet effet il prend des laques ou précipités de bois de campêche ou autres matières végétales propres à lui donner la couleur qu'il désire et la broye avec la glycérine jusqu'à consistance d'encre d'impression en taille douce : c'est avec cette encre qu'on imprime soit à la presse typographique, soit à celle en taille douce, les billets, effets ou documents qu'on veut par une prompte destruction des caractères imprimés soustraire à l'action des faussaires ; ces caractères disparaissant sans retour.

Encre à marquer le linge pourpre.

En Islande, en Suède et sur les côtes occidentales de France, en Amérique, on se sert pour marquer le linge d'une couleur que produisent certains mollusques des genres murex, buccin, pourpre, janthine. Cette couleur est placée dans une vésicule placée derrière la tête de l'animal. La matière est un fluide épais, visqueux, ressemblant à une espèce de gelée qu'on peut enlever avec un pinceau à poils rudes qui sert à tracer sur le linge : la couleur par une exposition au soleil passe promptement au rouge pourpre.

CHAPITRE VIII.

Des accidents occasionnés par l'encre, de ceux survenus au papier, ou qui nuisent à l'écriture, et des moyens d'y remédier.

Taches d'encre.

L'usage journalier et habituel que l'on fait de l'encre expose à tous moments les personnes qui s'en servent, à l'inconvénient de faire des taches sur elles, sur les meubles ou sur les étoffes voisines de la place où ces personnes écrivent. On néglige assez souvent de faire disparaître ces taches, ou l'on emploie ordinairement pour cet effet le sel d'oseille; mais ce moyen ne réussit pas toujours, et ne peut d'ailleurs s'appliquer à tous les objets tachés; il ne sera donc pas inutile de développer dans ce chapitre les différents moyens à employer pour remédier à ces accidents, qui deviennent souvent très grave, lorsque les taches sont grandes, en ce qu'elles détruisent le tissu des étoffes, et qu'en négligeant d'y porter remède sur le champ, il ne reste plus ensuite aucun moyen de les faire passer entièrement.

Presque tous les acides enlèvent les taches d'encre sur les étoffes, le papier ou le bois; mais il faut choisir de préférence ceux qui attaquent le moins le tissu de la substance entachée. L'acide muriatique a cet avantage; étendu dans cinq ou six fois son poids d'eau, il peut être appliqué avec succès sur la tache. On la lave au bout d'une ou deux minutes, et on répète l'application jusqu'à ce que la tache ait disparu; mais les acides végétaux ont encore moins d'inconvénients, et sont aussi efficaces. On peut appliquer une solution aqueuse des acides oxalique, ou citrique, ou tartrique, aux tissus les plus délicats, sans risquer de les gâter, et elles feront disparaître l'encre à écrire; mais non celle d'imprimerie. On peut employer ces mêmes acides pour remettre à neuf des livres dont les marges sont chargées d'écriture, sans attaquer le texte. Les taches de graisse s'enlèvent avec une solution étendue de potasse, mais qu'il faut appliquer avec précaution, pour ne pas attaquer l'étoffe. Les taches de cire blanche s'enlèvent facilement avec de l'essence de térébenthine, de l'éther sulfurique, ou simplement de l'alcool. Celles de rouille sur le linge s'enlèvent en employant d'abord une solution de sulfure alcalin, qu'on lave, après quoi on emploie un acide végétal délayé.

Taches d'encre sur le linge ou sur la dentelle.

Prenez un fer à repasser ; faites le chauffer, et posez sur ce fer l'endroit où se trouve la tache, en y faisant tomber goutte à goutte de l'acide citrique. La tache disparaîtra sur-le-champ, soit qu'elle ait été faite sur du linge ou sur de la dentelle.

Taches d'encre sur le papier.

Si l'on est dans la saison du verjus, on en frottera la tache sur le champ, en y mêlant un peu d'eau, tandis que l'encre est fraîche, et elle s'enlèvera facilement. Au défaut de verjus, on peut se servir avec plus de succès encore de sel d'oseille dissous dans de l'eau. On emploie aussi l'oseille, mais elle ne réussit pas aussi bien.

Prenez encore de l'eau claire dans laquelle vous aurez fait dissoudre du muriate de soude en égale quantité à l'eau, et frottez-en fortement la tache.

Si la tache est sèche, et que les acides ci-dessus ne puissent pas l'enlever, servez-vous d'acide nitrique que vous aurez affaibli avec de l'eau commune ; vous l'étendrez avec la barbe d'une plume ou un pinceau sur la tache, qui se délayera et disparaîtra aussitôt.

Enfin, aussitôt qu'une tache d'encre se sera faite sur le papier, vous prendrez du vinaigre blanc, dans lequel vous ferez dissoudre promptement du savon blanc, et vous humecterez la tache à plusieurs reprises, jusqu'à ce que cette lotion l'ait fait disparaître ; vous y passerez ensuite de l'eau claire pour emporter le savon qui pourrait être resté sur la place où se trouvait la tache, et vous mettrez votre papier à la presse.

Vous pourrez encore vous servir d'acide chlorhydrique suffisamment étendu d'eau pour ne pas nuire à la contexture du papier : cet acide emportera la tache sur le champ.

Taches d'encre sur le linge.

Le procédé suivant est d'autant plus utile et plus recommandable, qu'on peut le regarder comme infaillible, et que l'encre perd absolument le plus beau linge. On a beau se servir d'acide citrique pour l'enlever, la tache disparaît à la vérité, mais la causticité de l'encre demeure toujours attachée au linge ; elle le ronge, et il ne manque jamais de se faire un trou peu de temps après à la place où était la tache. Voici une méthode qui n'est point sujette à cet inconvénient.

Prenez une chandelle moulée, dont le suif est ordinairement plus pur que tout autre ; faites le fondre, et après avoir mouillé votre linge, trempez l'endroit taché dans ce suif fondu ; mettez ensuite votre linge au sale ; il sortira parfaitement blanc des mains de la blanchisseuse, sans qu'il se fasse jamais de trous à la place où était la tache.

Cette méthode a été éprouvée souvent, et a toujours parfaitement réussi. Elle a sur les autres l'avantage de n'occasionner aucun embarras ni aucune dépense, et d'être toujours exécutée avec succès.

Procédés divers pour enlever les taches.

Taches de rouille.

Les taches peuvent provenir ou de taches d'encre, qui par l'application inconsidérée du savon se changent en taches de rouille, ou par le contact immédiat du fer rouillé. On peut les enlever par l'acide muriatique étendu, ou par l'un des acides végétaux indiqués. Lorsqu'elles ont existé longtemps sur le linge elles deviennent très difficiles à enlever, parce que le fer par l'action répétée de l'eau et de l'air, acquiert une telle proportion d'oxygène qu'il en devient insoluble aux acides. On a trouvé moyen d'enlever même ces taches, en leur appliquant d'abord une solution de sulfure alcalin, qu'on lave bien ensuite, puis un acide délayé. Dans ce cas, le sulfure enlève au fer une partie de son oxygène, et le rend soluble dans les acides affaiblis.

Moyen pour enlever les taches ou marques de l'encre à marquer le linge, par J. Hérapath.

On a souvent besoin d'enlever des lettres faites avec l'encre au nitrate d'argent ou à marquer le linge, ou des taches qu'on a faites par mégarde sur un tissu avec cette matière. M. Hérapath a proposé pour cet objet de transformer l'argent qui fait la base de cette encre en iodure d'argent, en humectant avec une teinture d'iode. Cela fait on dissout l'iodure qui en résulte au moyen d'une solution d'hyposulfite de soude qui renferme 4 grammes de ce sel pour 60 grammes d'eau. Enfin on lave le linge à l'eau pure.

Procédé pour enlever sur le linge les marques faites au nitrate d'argent, par M. T. et H. Smith.

Le moyen connu, savoir : l'emploi de cyanure de potassium, et celui de M. W. Hérapath qui consiste à former d'abord au moyen de la teinture d'iode de l'iodure d'argent, puis à éliminer celui-ci par de l'hyposulfite de soude, s'étant montrés complétement impuissants, cette résistance opiniâtre nous fit conjecturer en premier lieu que le tissu avait bien pu être détruit par un acide concentré qui se trouvait dans l'encre par suite d'une préparation vicieuse. Mais c'était une erreur, car nous ne tardâmes pas à reconnaître que ces taches pouvaient être enlevées avec promptitude et complétement sans la moindre altération du tissu même le plus fin, en les humectant avec une dissolution de chlorure de chaux : en peu de minutes la couleur noire de ces taches passe au blanc par la formation d'un chlorure d'argent qui est blanc, mais comme ce chlorure sous l'influence de la lumière ne tarde pas à repasser au noir, il faut le dissoudre et l'enlever complétement. On trempe donc les parties du tissu où sont les taches blanches pendant quelques minutes dans une solution d'ammoniaque ou d'hyposulfite de soude, puis on lave et on élimine à l'eau pure.

Lorsque les marques pénètrent profondément, quelques minutes ne suffisent plus pour transformer complétement l'argent en chlorure, parce qu'alors il se forme à la surface une croûte de ce sel insoluble, qui soustrait les parties intérieures à l'action du chlorure de chaux. Parfois la transformation n'est point encore complétement terminée au bout de une à deux heures, de façon qu'on pourrait bien en ces points détruire le tissu, avant d'atteindre le but. Dans ce cas on traite, après l'emploi du chlorure de chaux, par l'ammoniaque, et on répète les procédés jusqu'à ce qu'on ait enlevé jusqu'à la dernière trace des marques.

Manière d'enlever les taches de rouille sur le linge, par M. Runge.

L'usage si fréquent que nous faisons du fer dans nos ménages laisse souvent des traces fort désagréables et très tenaces de ce métal, traces qu'on appelle taches de rouille, sur le linge et les tissus blancs dont nous nous servons journellement, au grand déplaisir des ménagères et à leur désespoir, quand il faut les faire disparaître complétement, surtout lorsqu'elles sont anciennes.

Ces taches sont même difficiles à éviter. Il suffit d'essuyer avec une serviette ou un linge un couteau avec lequel on a coupé un citron, un fruit quelconque, ou bien une fourchette en fer qui a servi à fatiguer la salade, pour imprimer sur le linge une tache de rouille plus ou moins étendue et profonde. Un torchon, un linge humide suspendu à un clou ou qui touche un objet en fer contracte aussi une tache de rouille. Du linge à la lessive qui séjourne dans une cuve où existe un clou à découvert, ou qui est en contact par une cause quelconque avec du fer est de même souillé par une tache de cette espèce.

La rouille consistant principalement en hydrate d'oxyde de fer, on conçoit que les moyens à employer pour enlever les taches qu'elle produit doivent tendre à rendre soluble cet hydrate et à le faire ainsi disparaître.

L'acide sulfurique et l'acide chlorhydrique produisent bien cet effet, mais il y a peu d'avantage à en faire usage, attendu que lorsqu'on les étend d'eau ils ne donnent aucun résultat, et qu'à l'état de concentration, les acides détruiraient les tissus.

On a donc fait choix pour cela d'acides moins énergiques, et parmi ceux-ci, on a donné la préférence à l'acide oxalique.

Cet acide réduit en poudre est répandu sur la tache humectée avec de l'eau, qu'on maintient pendant quelque temps sur de la vapeur d'eau bouillante ou sur un vase quelconque dans lequel de l'eau est portée à l'ébullition.

Après un certain temps, on lave à l'eau chaude, et presque toujours la tache a disparu. Mais si on a prolongé au-delà d'un certain terme le chauffage à la vapeur, on s'aperçoit bientôt de l'effet actif et nuisible de l'acide oxalique sur le tissu, et plus tard, il existe un trou à l'endroit où la tache subsistait.

Le prix assez élevé de l'acide oxalique doit nécessairement en limiter l'emploi, surtout quand il s'agit d'agir en grand. Ainsi, j'ai été témoin d'un cas où par erreur on fit, dans une lessive, au lieu de potasse, usage de couperose verte et où 300 serviettes et une infinité d'autres objets de ménage et d'ameublement prirent une couleur de rouille très prononcée sur toute leur surface.

Dans ce cas, il ne pouvait être question, par des motifs qu'on conçoit aisément, d'employer l'acide oxalique; on ne pouvait avoir davantage recours aux acides sulfurique et chlorhydrique, puisque indépendamment de leur action imparfaite, l'oxyde du fer qui s'était combiné en partie avec de la matière grasse du savon devait aussi échapper à cette action.

C'est un fait au reste que l'expérience me démontra, car après un séjour de 4 à 5 jours dans un acide sulfurique étendu mais encore passablement énergique, on n'obtint aucun résultat satisfaisant. On était même sur le point d'abandonner tout le linge de lessive comme perdu lorsque je m'avisai d'un expédient qui a réussi.

J'avais observé, ainsi que l'ont fait tous les chimistes, qu'une tache de rouille pouvait être enlevée très facilement par un lavage, après qu'on l'avait fait passer à la couleur bleue au moyen de cyano-ferrure de potassium qu'on trouve communément dans le commerce sous le nom de prussiate de potasse. Je fis donc ajouter un peu de ce sel dans le bain d'acide sulfurique, puis travailler pendant quelque temps le linge qui ne tarda pas à se teindre, certaines pièces en bleu clair et d'autres en bleu foncé.

Ce linge fut enlevé en cet état, lavé à l'eau pure, puis remis à la lessive dont il sortit aussi blanc qu'il était avant l'accident. Je dois dire néanmoins que pour quelques pièces on a été obligé de répéter le bain au prussiate de potasse, mais il est juste aussi d'ajouter que les tissus par ce procédé n'éprouvent pas la moindre altération.

Recettes pour enlever les taches sur des épreuves et rafraîchir les vieilles gravures, par M. Ed. Knecht.

Nous avons lu, dans plusieurs recueils, des indications et des recettes pour enlever les taches et l'encre sur le papier.

Nous avons fait d'assez longues expériences en cette matière pour pouvoir offrir les moyens les plus rationnels, les plus économiques, mais qui exigent un peu de pratique.

Les taches sur le papier se classent dans deux catégories :

Les taches maigres, comme celles produites par l'encre usuelle, la rouille, la poussière, la pluie, l'humidité, etc.

L'attouchement des doigts, l'huile, le suif, l'encre d'impression, etc., rentrent dans la catégorie des taches grasses.

Pour détruire les taches maigres, pour rendre au papier son éclat, sa blancheur primitive, il ne s'agit que de suivre exactement la méthode suivante :

Placez la feuille à nettoyer sur une planche ou table bien dressée, que vous aurez couvert soit d'une serviette, soit de papier brouillard bien propre.

Humectez l'épreuve en la tamponnant doucement avec une éponge fine mouillée d'eau; lorsque vous verrez que la feuille a pris une égale extension, prenez un blaireau fin et propre, mouillez-le d'eau de javelle fraîche et blanche, et passez légèrement sur la tache à enlever, laissez reposer pendant quelques minutes, entretenez la feuille humide et renouvelez l'eau de javelle jusqu'à ce que la tache n'offre plus qu'un aspect jaune clair; passez alors l'éponge sur la tache pour enlever l'eau de javelle, passez ensuite une dissolution d'oxalate de potasse (20 grammes dans un demi-litre d'eau) sur la tache jaune, au bout d'une demi-heure l'épreuve sera devenue nette et blanche.

On la couvre de quelques feuilles de papier brouillard pour en retirer la surabondance d'eau, puis on passe au bord un peu d'encollie, de l'amidon, environ de la largeur d'un centimètre, on colle la feuille par les bords sur la planche, puis on la laisse sécher; elle se retirera et se redressera complétement, on l'enlève avec précaution de la planche.

Lorsque les feuilles à nettoyer sont petites, on pourra les placer dans un plat après les avoir humectées, puis remplir peu à peu ce plat d'eau de javelle en versant au bord du plat et en remuant sans cesse pour que l'eau de javelle se distribue également sur toutes les feuilles.

On peut laisser les feuilles pendant vingt-quatre heures sans aucun danger, ensuite remplacer l'eau de javelle par l'eau ordinaire, puis celle-ci par de l'eau d'oxalate de potasse (sel d'oseille), et laver ainsi, moyennant une dépense de quelques centimes, une douzaine de gravures jaunes et tachées.

On vend dans le commerce à Paris et en province une substance nommée encrivore, inventée par le sieur Chable, pharmacien.

C'est un mélange d'acides, destiné à enlever l'écriture du papier afin de pouvoir changer un mot, une phrase.

Selon l'ordonnance de M. Chable, il faut se servir de l'encre de Chine pour remplacer le mot ou la lettre enlevée.

On conviendra qu'il est d'abord peu commode d'avoir deux espèces d'encre à sa portée, puis le ton de l'encre de Chine est différent de celui de l'encre usuelle, on verrait les corrections faites, ce qui ôterait le but de l'invention.

L'encrivore Chable est trop concentré en opérant comme nous l'avons dit par O et allant peu à peu en augmentant la dose jusqu'à ce que la faute soit enlevée, on réussira mieux qu'en l'employant pure du prime abord.

En employant l'eau de javelle et l'oxalate de potasse on obtiendra le même résultat, avec l'avantage de pouvoir écrire sur la place enlevée, si on a eu soin de laver à l'eau et de laisser sécher convenablement la feuille avant d'y écrire de nouveau.

Les papiers encollés en pâte à la résine résistent à une faible acidulation, mais ceux encollés à la gélatine, dits papiers fabriqués à la forme, perdent cette encolle gélatineuse ou animale.

Pour la remplacer, il suffira de faire fondre au bain-marie 10 grammes de gélatine blanche dans un demi-litre d'eau et de tremper la feuille dans cette encolle qui lui donnera la même consistance qu'auparavant.

S'il n'y a qu'une petite place à encoller, il suffira de laisser tomber une goutte sur l'endroit à corriger. L'encre de Chine boirait sur le papier sans colle comme l'encre usuelle.

En Allemagne et en Hollande on vend des boîtes de poudre servant à enlever l'encre comme la mixtion Chable. Cette poudre est composée de parties égales d'acide oxalique, d'oxalate de potasse et d'alun glacé.

On prévoit aisément qu'à l'aide de ces procédés beaucoup d'abus peuvent se commettre; si nous en donnons la description, c'est que nous avons la conviction que nous n'apprenons rien de nouveau aux faussaires, et qu'il est bon que le vulgaire connaisse le danger, pour s'en garer en employant les moyens que l'Académie a indiqués dans différents rapports.

Lorsqu'on veut enlever une tache à l'encre de Chine, la chose devient plus difficile.

Il faut suspendre au haut du plafond un entonnoir bouché de façon à ne laisser tomber qu'une goutte d'eau, à un intervalle de 5 à 6 secondes, sur la tache. Le poids de l'eau tombant d'une certaine distance finira par enlever la tache d'encre de Chine.

Les taches grasses sont plus difficiles à enlever, à détruire.

Le premier moyen consiste dans l'emploi d'une lessive au savon blanc. On laisse baigner dans une eau rendue savonneuse l'endroit taché, en passant cette eau comme tout à l'heure l'eau de javelle sur la tache, la renouvelant de dix à dix minutes, tamponnant légèrement avec le doigt pour voir si la tache cède; on pourrait au besoin ajouter un peu de potasse ou de soude à l'eau de savon, mieux encore de la chaux caustique. mais il faudra employer ces ingrédients avec précaution. Les alcalis dissolvent et détruisent les corps gras, mais ils pourraient en même temps altérer le papier.

Les taches d'huile et de graisse s'enlèvent par l'essence de térébenthine, il faudra la choisir bien blanche, bien fraîche, la faire chauffer au bain-marie, puis la passer à plusieurs reprises. La tache cédera, mais le papier restera imprégné d'essence qui à son tour disparaîtra lorsqu'on l'aura lavé avec de l'esprit de vin rectifié. On chauffe au besoin l'alcool comme l'essence au bain-marie.

Ainsi, en employant selon le besoin les alcalis ou l'essence.

ou finira par détruire le corps gras comme par les acides les taches maigres. Nous le répétons, le procédé est positif, mais la pratique et l'adresse sont indispensables pour une réussite complète.

Moyens pour empêcher les encres de moisir.

L'expérience a démontré que lorsqu'on expose pendant quelque temps de l'encre au contact de l'air, elle ne tarde pas à se couvrir d'une croûte, qui n'offre d'abord que des flocons blanchâtres, lesquels, en se réunissant, donnent lieu à une pellicule qui s'épaissit; dès lors l'encre se dessèche et perd une partie de ses propriétés. Ces flocons sont considérés, par les naturalistes, comme une véritable végétation, une sorte de mousse : on a proposé plusieurs procédés pour y obvier.

Premier procédé. Il suffit de mettre dans la bouteille une demi-douzaine de grains d'orge broyés.

Deuxième procédé, du docteur Mac-Culloch. Pour prévenir cette moisissure, il suffit de verser dans l'encre un peu d'huile de lavande ou de toute autre essence.

Troisième procédé. Il suffit de verser dans l'encre deux gouttes d'huile essence de girofle par bouteille d'encre, ou bien d'ajouter 15 grammes de clous de girofle par 500 gr. de noix de galle, pour que la moisissure n'ait jamais lieu.

Quatrième procédé, de M. Vallot, de Dijon. Cette méthode consiste à mettre un peu de camphre dans l'encre.

Cinquième procédé. Ce procédé, qui paraît le meilleur, et que M. Lenormand rapporte sans s'en attribuer la découverte, consiste à ajouter à l'encre un peu deutoxyde de mercure (précipité rouge). Cet auteur s'est assuré de sa supériorité sur le camphre de la manière suivante : il prit de l'encre ordinaire ; il en remplit trois encriers : il ajouta dans l'un un peu de camphre, dans l'autre un peu de précipité, et rien dans le troisième. Il plaça ses trois encriers sur la cheminée. Au bout de huit jours, le dernier était couvert de mousse, et ce ne fut qu'au bout d'un mois qu'elle commença à paraître dans celui qui contenait du camphre; il y en remit une plus grande quantité, la mousse ne reparut plus avant six semaines ; elle ne parut pas du tout sur l'encrier qui contenait un atôme de précipité mercuriel. M. Lenormand ajoute qu'il avait d'ailleurs acquis la preuve que depuis plus d'un an cette substance avait préservé son encre de toute moisissure.

Nous allons maintenant faire connaître la manière dont M. Lenormand conseille de faire usage du deutoxyde de mercure. Il suffit, dit-il, d'en mettre dans l'encrier une très petite quantité avec la pointe d'un canif; si l'on n'a pas soin avant de la jeter dans l'encrier, de la pétrir avec une goutte d'encre, et qu'on la répande sur la surface, cette poudre surnage d'abord pendant quelques heures, elle se précipite ensuite sans qu'il soit nécessaire de l'agiter. Il est cependant préférable de la pétrir avec une goutte d'encre; son effet est bien plus prompt. J'ai éprouvé même qu'on n'a pas besoin d'enlever la pellicule; il suffit, si elle couvre toute la surface de l'encre, de la retirer de côté pour découvrir un peu cette surface, afin d'y introduire le précipité; et l'on voit ensuite, petit à petit, disparaître la moisissure en entier, ce qui prouve d'une manière incontestable son efficacité.

Procédé de M. Julia de Fontenelle. S'étant livré à un grand nombre de recherches pour reconnaître les substances propres à s'opposer à la fermentation, il a cherché à en faire des applications à la conservation de l'encre; en conséquence, voici un des moyens dont nous pouvons garantir l'excellence; il suffit de verser dans l'encrier deux ou trois gouttes d'huile volatile de moutarde, et de remuer ensuite l'encre pour la préserver longtemps de la moisissure.

Moyens pour empêcher les encres de jaunir, par Sourisseau.

On sait que les plus belles encres noires prennent souvent en peu de temps une teinte jaunâtre. Cette transformation paraissant due à l'acide sulfurique en excès qu'on rencontre souvent dans les couperoses du commerce, M. Sourisseau propose d'ajouter à ces encres 24 grammes d'ammoniaque liquide par chaque 500 grammes de couperose contenue dans l'encre. Cette addition remplit parfaitement le but et l'encre, suivant lui, conserve sa belle couleur noire.

Taches d'huile ou de graisse sur le papier.

Prenez des os de mouton brûlés, et réduisez-les en poudre, frottez-en la tache des deux côtés du papier ; mettez-le ensuite à la presse entre deux autres feuilles de papier, et laissez-le pendant une nuit dans cet état. Cette poudre d'os brûlés absorbera l'huile et détruira la tache. Si la première tentative ne réussissait pas entièrement, il faudrait la répéter une seconde.

Ou bien, lavez la tache avec de la potasse mélangée de carbonate de potasse en déliquescence ; passez-y sur le champ de l'eau tiède et ensuite de l'eau fraîche.

Papier gras, moyen de faire prendre l'encre en écrivant.

Prenez un fiel de bœuf que vous piquerez et que vous mettrez dans un pot avec une poignée de sel marin et un peu de vinaigre. Remuez bien le tout, et par ce moyen le fiel pourra se garder pendant un an sans se corrompre. Lorsqu'en écrivant vous trouverez votre papier, ou même le parchemin, trop gras, vous prendrez une goutte de ce fiel que vous mêlerez avec l'encre dans l'écritoire, et vous écrirez alors facilement.

Le fiel des autres animaux ruminants peut également remplacer celui de bœuf pour cet usage. Comme ces substances sont d'une nature savonneuse, elles dissolvent les matières grasses qui se trouvent accidentellement unies au papier et donnent lieu à l'encre de s'étendre et de s'appliquer.

Moyen d'empêcher le papier de boire.

Une des préparations du papier dans les papeteries consiste à le coller, afin de lui donner la consistance nécessaire pour retenir l'encre sans que l'humidité le pénètre. Le papier mal collé est sujet à boire, et l'on remédie à cet inconvénient par le procédé suivant.

On fait fondre dans de l'eau claire un morceau de sulfate d'alumine et de potasse, ou alun ordinaire, de la grosseur d'une noix environ dans un verre d'eau, et proportionnellement à la quantité de papier que l'on veut préparer, on l'humecte de cette eau avec une éponge fine et on la laisse sécher.

C'est de cette manière que les papetiers de Paris préparent les papiers à dessins, appelés *papiers lavés*.

Lorsqu'on veut écrire sur du papier d'impression, ou même sur du papier trop frais, il faut dissoudre un peu de gomme arabique dans de l'encre ordinaire, ou frotter légèrement le papier avec un morceau d'étoffe de laine ou de papier gris, empreint de poudre de sandaraque.

Moyen de blanchir le papier écrit sans en dénaturer le tissu.

Si vous voulez détruire entièrement l'écriture d'une feuille manuscrite quelconque, et rendre le papier aussi blanc qu'il était avant d'avoir servi, ce qui peut quelquefois devenir utile, trempez premièrement votre papier à froid ou à chaud dans un vase rempli d'eau que vous aurez aiguisée avec l'acide sulfurique ; laissez-le ensuite égoutter pendant quelque temps, et trempez-le de nouveau dans un autre vase, que vous aurez rempli d'eau mêlée avec suffisante quantité d'acide chlorhydrique. Votre papier aura repris au sortir de cette eau sa blancheur première, et l'écriture se trouvera entièrement détruite. Mettez alors votre papier sous presse. Faites-le sécher ; il se trouvera aussi propre à recevoir l'écriture qu'auparavant, sans qu'on ait jamais à craindre que l'ancienne reparaisse.

Moyen de blanchir le papier imprimé sans en dénaturer le tissu.

Trempez à froid ou à chaud les feuilles de papier dont vous voulez détruire l'impression, dans une dissolution de soude rendue caustique par la chaux ; laissez-y séjourner votre papier pendant quelque temps. Retirez-le ensuite, et le plongez dans une eau de savon. Quand cette seconde lotion sera terminée, vous retirerez vos feuilles, qui sortent blanches selon qu'elles étaient plus ou moins collées ou chargées de noir d'imprimerie, et vous les rangerez, lit par lit, entre des toiles, de même que les papetiers rangent entre des feutres les feuilles au sortir de la forme. Si, dès cette première opération, vos feuilles ne se trouvaient pas blanches, il faudrait les retremper une seconde ou même une troisième fois. Alors, au sortir de la presse, ces feuilles, ainsi blanchies et parfaitement séchées, redeviennent propres au service de l'écriture et de l'impression.

Préparation du papier verni pour l'écriture.

Pour donner à ce papier un vernis brillant qui soit propre à l'écriture, on prend du beau papier ordinaire, bien net, bien uni, sans taches, sans filandres. On étend les feuilles sur une table bien propre, et après avoir mis dans une terrine du vernis battu, c'est-à-dire, de la sandaraque réduite en poudre, on en frotte ces feuilles avec une patte de lièvre.

Ensuite, si l'on veut préparer une rame de papier, on met, sur cinq litres environ d'eau, 2 hectogrammes et demi (8 onces) d'alun et 30 grammes (1 once) de sucre cristallisé blanc.

Après avoir donné un bouillon, on retire cette liqueur de dessus le feu, et lorsque la colature est tiède, on en lave les feuilles avec une éponge fine, du côté que le papier a été vernissé, et l'on pose ces feuilles les unes sur les autres.

Quand toute la rame est lavée, on la met en presse pendant douze heures. On l'étend ensuite sur des cordes, feuille à feuille, afin qu'elles sèchent, et quand elles sont suffisamment sèches, on les remet en presse pendant quelques jours, pour pouvoir les bien étendre, et on les donne à battre au relieur.

Ce papier n'est bon à employer que trois ou quatre mois après qu'il a été ainsi préparé.

Liqueur qui rétablit les vieilles écritures et les rend lisibles.

Broyez cinq ou six noix de galle ; mettez-les dans un vase avec un demi-litre de vin blanc, et faites-les infuser ainsi pendant deux jours au soleil. Lorsque vous voudrez faire usage de cette liqueur, vous en passerez avec un pinceau sur l'écriture que vous voudrez rétablir ; elle reparaîtra aussitôt. Si la teinture se trouvait trop faible, il faudrait y remédier en y remettant infuser une ou deux noix de galle de plus, et si elle était trop forte, en y ajoutant un peu de vin blanc.

On conçoit aisément combien cette méthode doit être utile et précieuse, lorsqu'il s'agit de faire revivre de vieux titres que le temps a rendu illisibles.

Autre liqueur très bonne pour le même objet.

Prenez un pot de terre vernissé qui contienne environ un quart de litre ; mettez trois petites noix de galle concassées avec des oignons blancs dont on a ôté non seulement la première peau, mais encore l'espèce de cuir qu'elle couvre immédiatement, et que vous couperez en tranches assez minces ; mettez-en environ jusqu'aux trois quarts du pot, et achevez de le remplir avec de l'eau commune. Quand le tout aura bouilli ensemble pendant une bonne heure et demie, vous passerez la liqueur par un linge, et vous exprimerez un peu l'oignon pour en tirer le suc.

Toute la liqueur ainsi tirée à clair, repassez-la une seconde fois à travers un linge plus serré, et laissez-la refroidir avant que de la mettre dans une bouteille.

Il faut observer que cette liqueur étant froide, ressemble beaucoup au sirop d'orgeat; mais lorsqu'on l'a fait chauffer pour en faire usage, elle devient extrêmement claire.

Quand la composition est sur le feu, on peut y ajouter du sulfate d'alumine, environ la grosseur d'une noisette; mais il faut avoir soin d'écumer à mesure que la liqueur se met en ébullition.

Voici maintenant la manière de se servir de cette eau.

Faites-en chauffer à peu près la quantité dont vous avez besoin, soit dans un petit pot, soit dans une cuillère d'argent à la flamme d'une bougie, jusqu'à ce qu'elle commence à bouillir. Imbibez-en un papier ou un linge blanc, et passez-le légèrement sur toute l'écriture dont vous voulez rappeler les caractères, ou seulement les mots que vous ne pouvez lire. Présentez ensuite au feu cette écriture, pour que la liqueur en pénètre mieux les premières empreintes, et ces caractères reprendront aussitôt et correctement la teinte de noir qu'ils avaient avant que le temps y eut exercé ses ravages.

Autre méthode plus prompte que la précédente.

Prenez un oignon; coupez-le par le milieu et le trempez dans du vinaigre. Imbibez-en légèrement l'écriture dont vous voulez rétablir les traces, et la présentez ensuite au feu ou aux rayons du soleil.

L'oignon, ainsi imbibé de vinaigre, sert encore à nettoyer les vieux tableaux noircis par le temps, sans leur causer le moindre dommage, et leur rend tout leur éclat et leur fraîcheur.

Autres moyens de revivifier l'écriture effacée.

Prenez une certaine quantité d'alcool, et faites-y infuser cinq petites noix de galle réduites en poudre ; les plus petites et les plus noires sont les meilleures. Quand vous jugerez que votre infusion sera suffisamment faite, vous prendrez votre parchemin ou papier dont vous voulez faire reparaître l'écriture, et vous l'exposerez pendant deux minutes au plus, s'il est nécessaire, à la vapeur de cet alcool échauffé, et vous tremperez en outre un pinceau ou du coton dans cette infusion pour en imbiber l'écriture, qui reparaîtra aussitôt.

Ou bien :

Mettez le parchemin dont l'écriture se trouvera effacée, dans un seau d'eau de pluie fraîchement tirée. Au bout d'un quart d'heure environ, retirez votre parchemin, et le mettez sous presse entre deux papiers pour l'empêcher de se racornir en séchant. Lorsqu'il sera bien sec et bien aéré, s'il n'était pas encore bien lisible, vous recommenceriez l'opération, et cela jusqu'à trois fois. L'encre revient dans son premier état, le parchemin ne change point de couleur, et en acquiert au contraire une uniforme.

Moyen de préserver l'écriture et le parchemin des rats, souris, et autres animaux qui les détruisent.

Lorsque vous aurez à écrire des choses d'une assez grande importance pour que vous vous intéressiez à leur conservation, ajoutez à l'encre une forte décoction d'absinthe, alors les rats ni les souris n'y touchent plus.

Si vous aviez à craindre que d'anciens titres et parchemins ne fussent exposés à être rongés par ces animaux destructeurs, vous les tremperiez dans cette même décoction qui les mettra à l'abri de tous dommages.

CHAPITRE IX.

PROCÉDÉS UTILES OU RÉCRÉATIFS SUR L'ÉCRITURE.

Liqueur au moyen de laquelle on peut transposer, en un moment, toutes sortes d'écritures ou de lettres gravées ou imprimées, sur d'autre papier.

Coupez en petits morceaux du savon de Venise ; mêlez-les avec autant de cendres de bois de chêne et environ autant de chaux vive. Faites bouillir ces matières au bain-marie dans une bouteille de verre avec de l'eau commune à discrétion. Quand cette liqueur aura suffisamment bouilli, vous la filtrerez par le papier gris.

Lorsque vous voudrez en faire usage, vous tremperez dans cette liqueur la barbe d'une plume ou une éponge fine, et vous en humecterez l'écriture que vous voulez transposer ou contretirer. Opposez à cette écriture une feuille de papier blanc que vous aurez aussi imbibé de la même liqueur, et placez le tout sous une presse ; dans un quart-d'heure les lettres seront contretirées, sans que les caractères se trouvent endommagés.

Au lieu de cette liqueur, on peut encore en composer une autre avec une solution de sulfate d'alumine et de savon, et suivre pour le reste le procédé indiqué ci-dessus.

Méthode de Francklin, *pour imprimer l'écriture.*

» Sans Francklin, dit M. l'abbé Rochou dans ses *Mémoires sur la mécanique et sur la physique*, je ne me serais peut-être jamais occupé de l'art de la gravure ; mais cet homme célèbre piqua ma curiosité en me montrant des essais qu'il avait faits en Amérique pour imprimer l'écriture. »

» Le moyen qu'il paraît avoir employé consiste à écrire sur du papier avec une encre extrêmement gommée. Il saupoudre son écriture avec du sablon ou de la poussière de fer fondu, tamisé et pulvérisé, qu'il enferme ensuite entre deux planches. L'une de ces planches, destinée à recevoir la gravure, doit être de bois ou de métal tendre, tel que l'étain ou le cuivre ; l'autre plaque peut être de pierre dure ou de fer ; toutes deux soumises à l'action d'une presse, forceront l'écriture de s'incruster dans ce métal tendre. L'on aura donc la contre-épreuve de son écriture sur la planche de bois ou de métal, et cette planche servira, en employant la méthode usitée par les graveurs, à donner autant d'exemplaires que la profondeur de la gravure le permettra ; car on sait qu'elle s'use au tirage, et qu'elle ne peut jamais être bien profonde.

» Si cette méthode remplit l'objet qu'on se propose, c'est-à-dire, la célérité dans l'exécution, l'on est forcé de convenir aussi qu'elle présente des copies bien désagréables à la vue. J'ai eu recours, continue M. l'abbé Rochou, à un moyen qui n'a pas le même inconvénient.

» J'écris sur une planche de cuivre rouge, vernissée selon la méthode des graveurs. Ce vernis, à l'aide d'une pointe d'acier, s'enlève très facilement, et l'on peut écrire avec une pointe sur une planche vernissée, aussi vite qu'on écrit sur le papier avec de l'encre et une plume. On couvre ensuite d'acide nitreux un peu affaibli la planche ; on laisse l'acide nitreux mordre le temps nécessaire pour incruster les lettres aussi profondément qu'on en a besoin. Cette planche est alors gravée, et on en tire, par le moyen de la presse à rouleau, autant de copies ou d'épreuves qu'on en peut souhaiter.

» Toutes ces copies ou épreuves sont sur le papier à contre-sens, de manière qu'elles deviennent par là inutiles ; mais rien n'est plus facile que de les avoir dans le sens qu'on désire : par exemple, je tire douze copies, et tandis que l'encre est encore fraîche, je mets autant de feuilles de papier blanc, mouillées, et je les dispose en tas, de sorte que chaque feuille de papier blanc sépare alternativement les copies ; alors, d'un seul coup de presse, j'obtiens douze contre-épreuves, qui seront très propres et très lisibles, quand même la planche n'aurait pas été bien essuyée, pourvu toutefois que la gravure soit assez profonde pour fournir à la copie un tel degré de noir qu'elle donne de bonnes contre-épreuves. Cette * méthode n'équivaudra jamais sans doute à la gravure, mais elle peut être d'une grande utilité dans les armées de terre et de mer, et dans tous les cas où il s'agit de multiplier promptement les copies.

Papier à tablettes, pour écrire dessus avec une aiguille ou un stylet d'argent.

Prenez du plâtre de Paris, le plus fin que vous pourrez vous procurer, ou mieux encore de la craie de Champagne bien nette et bien pure. Détrempez-la avec de la colle de corne de cerf, ou toute autre colle, et après avoir étendu votre parchemin d'une manière bien unie sur un châssis, enduisez-le de ce mélange sur les deux côtés. Grattez-le bien et l'adoucissez lorsqu'il sera sec. Prenez ensuite de l'oxyde de plomb blanc par l'acide acéteux; broyez-le bien fin avec de l'huile de lin que vous aurez fait bouillir auparavant. Appliquez-en une couche fort unie sur votre parchemin avec un pinceau, et mettez-le sécher à l'ombre pendant cinq ou six jours.

Quand il sera sec, vous y passerez légèrement une éponge humide, ou un linge mouillé pour le rendre encore plus uni, et vous le laisserez sécher entièrement, jusqu'à ce qu'il soit en état de servir.

Pour lors, coupez votre parchemin en tablettes de la grandeur qu'il vous plaira avec un instrument bien tranchant, et reliez-en, si vous voulez, les feuilles en livre, à la couverture duquel vous placerez le stilet ou aiguille d'argent.

* On tirerait également des copies de plusieurs manières; d'abord en se servant des presses de relieur ou autres, de manière que les copies fraîches et le papier blanc humide entremêlés, se trouvant entre deux tablettes de bois dur et bien unies ou deux marbres, pussent éprouver une grande pression; en second lieu, au défaut de presse, en chargeant d'un très grand poids le papier qui serait également entre deux tablettes; ou enfin, en déchargeant dessus un ou plusieurs coups subits d'un long marteau ou d'un corps pesant: mais dans tous ces cas on n'obtiendra jamais que des copies faibles, à moins que l'encre de l'épreuve ne soit extrêmement forte.

Moyens d'écrire pendant la nuit sans lumière.

On a essayé d'écrire assez correctement la nuit sans lumière par une méthode fort simple et qui est à la portée de tout le monde ; la voici :

On a sous le chevet de son lit une feuille de papier blanc, roulée et aplatie, avec un crayon ou une plume sans fin, ou portant son encre. Si l'on veut écrire, on prend le papier aplati, qu'on tient couché dans sa main, ce qui sert de guide. On écrit, autant qu'il est possible, un peu gros et en abrégé ; ensuite on roule le papier dans l'autre sens, et on le replie pour reconnaître le côté sur lequel on n'a pas encore écrit, et l'on continue de cette manière.

On a aussi imaginé des tablettes d'ivoire pour écrire pendant la nuit. Ces feuilles d'ivoire entrent dans un cadre, dont les espaces évidés de la largeur des interlignes servent à diriger la main, de manière que le crayon, en écrivant, ne peut pas s'écarter de la ligne droite. Ces feuilles d'ivoire pourraient être remplacées avec le même avantage par du carton très mince, ou même du papier fort, à l'exception cependant que l'on peut effacer sur l'ivoire les caractères qu'on y a tracés lorsqu'ils ne sont plus utiles, au lieu qu'en se servant de carton ou de papier, il faut en remettre d'autre dans le cadre, à mesure qu'il a servi.

Écriture secrète, ou à double sens.

Cette manière d'écrire à double sens est aussi simple qu'elle est courte et facile. Il ne s'agit que d'avoir un châssis de papier ou de carton découpé sur la longueur des lignes, comme on le verra ci-après, et dont celui auquel on écrit doit avoir un pareil. On pose ce châssis sur une feuille de papier à lettres de même grandeur, et on écrit dans les ouvertures ce qu'on désire n'être connu que de celui avec qui on est en correspondance. Quand on a écrit la lettre suivant cette méthode, on lève le châssis, et dans les intervalles qui se trouvent entre chacun de ces mots, on en écrit d'autres pour remplir les vuides, en observant de faire en sorte qu'ils puissent former quelque sens avec ceux qui ont été écrits à travers le châssis.

Exemple.

Je |vous| prie de |me| mander si vous |trouverez| bon,

mon |très| cher ami, que je |dispose| dès |à-| pré-

sent des effets que |vous| avez offert de me |rendre|,

etc.

Celui auquel on envoie cette lettre met au-dessus de chaque feuillet un châssis pareil qu'il a par devers lui, et il lit aussitôt ce qu'on lui a mandé.

Il est assurément fort facile de déchiffrer ces sortes de lettres, quoiqu'on en ignore la clef; il ne s'agit, pour y parvenir, que d'en comparer successivement les premiers mots avec ceux qui suivent, jusqu'à ce qu'on découvre quels sont ceux qui, joints ensemble, forment un sens naturel et suivi. Lorsqu'on sera parvenu à déchiffrer ainsi la première page, on pourra, pour abréger, construire d'après cette même page, un châssis semblable à celui dont on s'est servi, au moyen duquel on déchiffrera sur-le-champ les autres pages de la lettre.

Écriture en chiffres.

Il faut premièrement avoir un jeu de cartes, et disposer toutes les figures dont il est composé dans un ordre quelconque dont on soit convenu avec celui auquel on veut écrire ; secondement, on doit aussi déterminer avec lui l'ordre du mélange qui doit se faire de ces cartes.

Ces deux choses ayant été réglées, celui qui aura quelque chose à mander à l'autre, écrira à l'ordinaire sa lettre sur un papier, et disposant alors le jeu de cartes dans l'ordre qui a été convenu, il les mêlera, et il écrira sur chacune d'elles, à commencer par la première qui se trouvera alors dessous le jeu, successivement toutes les lettres qui composent ce qu'il a écrit sur le papier, et lorsqu'il aura placé une lettre sur chacune de ces cartes, il les mêlera de nouveau, toujours dans le même ordre, et sans y rien changer; après quoi, il continuera de placer de même toutes les lettres qui suivent, réitérant cette opération jusqu'à ce qu'il ait transcrit toutes celles qui composent ce qu'il a dessein de mander. Il doit aussi avoir attention à mettre un point après chacune des lettres qui terminent un mot, afin de pouvoir indiquer par là à celui auquel il écrit, la séparation de tous les mots qui composent sa lettre.

Exemple.

On suppose qu'on soit convenu de se servir d'un jeu de piquet de trente-deux cartes, disposées dans l'ordre qui suit, et de mêler ce jeu en mettant alternativement à chaque mélange trois cartes au-dessus des trois premières, et trois au-dessous. Le jeu étant remis dans son premier ordre, chaque carte sera chargée des lettres ci-après.

On suppose encore que le discours suivant est celui dont est composé la lettre que l'on veut écrire en chiffres.

« Je connais trop, monsieur, l'intérêt que vous prenez à tout ce qui peut augmenter ma félicité, pour retarder plus longtemps à vous confier le dessein que j'ai formé de m'unir par les liens les plus sacrés à la famille de etc.

Voici l'ordre des cartes, et les lettres dont chacune d'elles se trouvera couverte.

Ordre des cartes convenu entre ceux qui s'écrivent. — Lettres du discours ci-contre dans l'ordre où elles doivent se trouver sur chacune des cartes :

Mélange.

	1.	2.	3.	4.	5.	6.
As de pique	n,	r,	t,	i,	l,	c,
Dix de carreau	s,	e,	a,	n,	u,	r,
Huit de cœur	i,	n,	r,	q,	s,	é,
Roi de pique	p,	p,	a,	n,	n,	e,
Neuf de trèfle	m,	e,	f,	f,	s,	s,
Sept de carreau	o,	u,	e,	i,	l,	a,
Neuf de carreau	c,	l,	s,	t,	t,	l,
As de trèfle	u,	a,	l,.	c,	e,	a,
Valet de cœur	r,	u,	o,	m,	s,	f,
Sept de pique	l,	c,	i,	s,	n,	a,
Dix de trèfle	r,	s,	t,	c,	i,	m,
Dix de cœur	o,	a,	e,	o,	r,	i,
Dame de pique	l',	u,	p,	s,	m,	l,
Huit de carreau	i,	s,	o,	s,	c,	l,
Huit de trèfle	n,	p,	u,	e,	d,	e,

Ordre des cartes convenu entre ceux qui s'écrivent.	Lettres du discours ci-contre dans l'ordre où elles doivent se trouver sur chacune des cartes.					
Mélange.	1.	2.	3.	4.	5.	6.
Sept de cœur	o,	q,	p,	u,	f,	d,
Dame de trèfle	t,	u,	l,	e,	o,	e,
Neuf de pique	s,	i,	u,	j,	r, etc.	
Roi de cœur	t,	g,	è,	c,	c,	
Dame de carreau	e,	m,	r,	r,	m,	
Huit de pique	r,	e,	m,	l,	u,	
Valet de trèfle	o,	t,	d,	p,	p,	
Sept de trèfle	n,	o,	c,	s,	a,	
As de cœur	n,	u,	r,	a,	r,	
Neuf de cœur	c,	c,	r,	v,	l,	
As de carreau	s,	v,	r,	o,	i,	
Valet de pique	t,	o,	c,	u,	e,	
Dix de pique	j,	t,	l,	c,	e,	
Roi de carreau	e,	c,	i,	d,	i,	
Dame de cœur	c,	e,	c,	e,	p,	
Roi de trèfle	q,	n,	n,	a,	s,	
Valet de carreau	u,	t,	g,	y,	a.	

Toutes les lettres qui composent les mots de la lettre qu'on veut écrire, ayant été transcrites sur ces trente-deux cartes, comme il vient d'être enseigné, on mêlera indistinctement ce jeu de cartes, et on l'enverra ainsi à celui auquel on écrit.

Celui qui recevra cette lettre, ou plutôt ce jeu de cartes, le disposera d'abord, eu égard à la figure des cartes, dans l'ordre qui a été convenu. Il en fera un premier mélange, et transcrira alors successivement et de suite toutes les premières lettres qui se trouvent en tête de chacune de ces trente-deux cartes, ayant attention de ne pas les déranger de leur ordre; après quoi, il les mêlera de nouveau, et recommencera cette même opération sur les deuxièmes lettres, et ainsi de suite, jusqu'à ce qu'il les ait toutes transcrites, et ces lettres formeront naturellement le discours contenu dans la lettre en chiffres qui lui a été adressée.

On peut encore écrire toutes les lettres portées sur ces cartes avec une des encres sympathiques décrites au chapitre IV, alors il ne sera pas facile de connaître que ce jeu de cartes est effectivement une lettre écrite en chiffres.

Il n'est cependant pas impossible de déchiffrer une lettre écrite suivant le principe ci-dessus, sans en connaître la clef ; mais à coup sûr il faudrait y employer beaucoup de temps. Il en est de même de toutes les autres manières d'écrire en chiffres, qui donnent toutes plus ou moins d'accès aux combinaisons que l'on peut faire pour parvenir à les déchiffrer sans clef.

Ecriture invisible.

Ayez de la graisse de porc qu'on nomme communément *sain-doux*, et l'ayant bien exactement mêlée avec un peu de térébenthine de Venise, prenez-en une petite partie, et étendez-la très également et bien légèrement sur du papier fort mince ; servez-vous à cet effet d'une petite éponge fort fine.

Lorsque vous voudrez faire usage de cette préparation pour écrire secrètement une lettre à un ami, vous poserez ce papier ainsi préparé sur celui que vous voudrez envoyer, et vous tracerez ce que vous voudrez écrire sur ce premier papier, en vous servant d'un stylet un peu émoussé. De cette manière il s'attachera une matière grasse au deuxième papier vers tous les endroits où ce stylet aura passé, et celui qui recevra votre lettre pourra la lire en y semant quelque poussière de couleur, ou du charbon tamisé très fin.

Cadran mystérieux ou le secrétaire discret.

Tracez sur un carton carré ABCD le cadran EFGH qu'il faut exactement diviser en vingt-six parties égales, dans chacune desquelles vous transcrirez les vingt-quatre lettres de l'alphabet et les deux consonnes J et V. Ayez un autre cercle de carton ILMN, mobile au centre commun O, c'est-à-dire, qui puisse tourner librement sur ce centre. Divisez-le en un même nombre de parties égales que le premier, et transcrivez-y pareillement les lettres de l'alphabet, en observant seulement qu'à ce dernier cadran, il n'est pas nécessaire qu'elles soient rangées par ordre alphabétique, comme au premier de ces cadrans.

Lorsqu'on aura fixé le cadran mobile ILMN de manière qu'une des divisions ou lettres qui sont transcrites sur le premier de ces cadrans, réponde à une de celles du second cadran, chacune des vingt-six divisions d'un des cadrans répondra exactement aux divisions de l'autre.

Lorsque vous voudrez vous servir de ce cadran pour écrire une lettre en chiffres à une personne qui, de son côté, doit avoir un cadran parfaitement semblable au vôtre, disposez à volonté son cercle mobile, de façon que toutes les cases de ces deux cadrans se répondent exactement. Considérant ensuite que la lettre *a* du cadran intérieur répond à la lettre M du cadran extérieur, transcrivez en tête de la première ligne de la lettre que vous voulez écrire, les lettres *a* M, qui doivent servir à indiquer à celui auquel vous écrirez la disposition qu'il doit donner au cadran qu'il a par devers lui pour se mettre en état de lire et de déchiffrer votre lettre.

Cette indication étant faite, prenez la copie de la lettre que vous voulez transcrire en chiffres, laquelle doit être écrite à l'ordinaire sur un papier; et au lieu de chacune des lettres dont les mots en sont composés, mettez, sur la lettre que vous devez envoyer, celles qui y correspondent sur le cadran intérieur.

Exemple.

Si le premier mot de votre lettre est *je*, vous mettrez au lieu du *j* la lettre *o* qui y répond sur le cadran, et ensuite, au lieu de la lettre *e*, celle *r*, ce qui vous donnera alors les deux lettres *or* au lieu de celles *je*. Vous continuerez de même pour toutes les lettres dont sont composés tous les mots du discours que vous voulez transcrire, c'est-à-dire, écrire en chiffres.

Celui auquel on écrira se servira de l'indication *a* M, comme il a été dit, pour disposer son même cadran, et cherchant sur celui EFGH successivement toutes les lettres qui répondent à chacune de celles du cadran intérieur qui lui sont indiquées dans la lettre qu'il a reçue, il la déchiffrera avec beaucoup de facilité et de promptitude.

On déchiffre ces sortes de lettres sans avoir aucune connaissance du cadran dont on s'est servi pour les écrire, comme on va l'expliquer ci-après. Cependant on peut les rendre plus difficiles à déchiffrer sans clef, en changeant à diverses reprises, et dans la même lettre, la disposition du cadran mobile.

Manière de déchiffrer sans clef ces sortes de lettres.

1° Pour parvenir à déchiffrer assez promptement et sans clef ces sortes de lettres, le moyen le plus simple est de considérer premièrement que dans notre langue * la lettre *e* est celle qui est la plus abondante, et que par conséquent les signes les plus fréquents de la lettre qu'on veut déchiffrer sans clef, désignent cette même lettre *e*.

Cette même lettre *e* est encore fort reconnaissable, en ce qu'elle est la seule qui soit répétée deux fois à la fin d'un mot.

2° Que cette lettre *e*, dans un mot de deux lettres, est toujours précédée des consonnes *c d j l m n s t*, ou suivie de celles *n* et *t*.

3° Qu'il n'y a que la voyelle *a* et celle *y* qui puissent se trouver seules et former un mot.

4° Que cette voyelle *a*, dans un mot de deux lettres, est toujours précédée des consonnes *l m n s t*, ou suivie des voyelles *h i u*.

5° Que les lettres qui terminent un mot ne sont presque jamais celles *b f g h p q*.

Ces connaissances suffisent pour parvenir à déchiffrer facilement et sans clef toutes les lettres auxquelles on est convenu de substituer d'autres lettres ou signes quelconques. On doit donc chercher d'abord à découvrir quelque monosyllabe, et à s'assurer quels signes forment nécessairement trois ou quatre lettres dont celles qui sont connues puissent exprimer une partie, et l'on y ajoutera celles qui paraissent convenir pour en pouvoir former des mots.

Lorsque la lettre écrite en chiffres est composée d'un trop petit nombre de mots, il faut d'autant plus de temps pour la déchiffrer sans clef, qu'il s'y trouve moins de combinaisons à faire ; elle devient encore fort difficile lorsque les signes changent pour exprimer une même lettre, ce qu'on reconnaît lorsqu'ils excèdent le nombre de lettres dont est composé l'alphabet.

En général, lorsqu'on écrit de ces sortes de lettres en chiffres, on peut multiplier les difficultés, pour ceux qui

---

* Les combinaisons qu'il faudrait faire pour déchiffrer en d'autres langues sont différentes, eu égard aux lettres qui en composent particulièrement les monosyllabes.

veulent les déchiffrer sous clef, d'une infinité de manières,
soit en changeant fréquemment les signes dans la même
lettre, soit en y en substituant d'autres au choix de ceux
qui s'en servent.

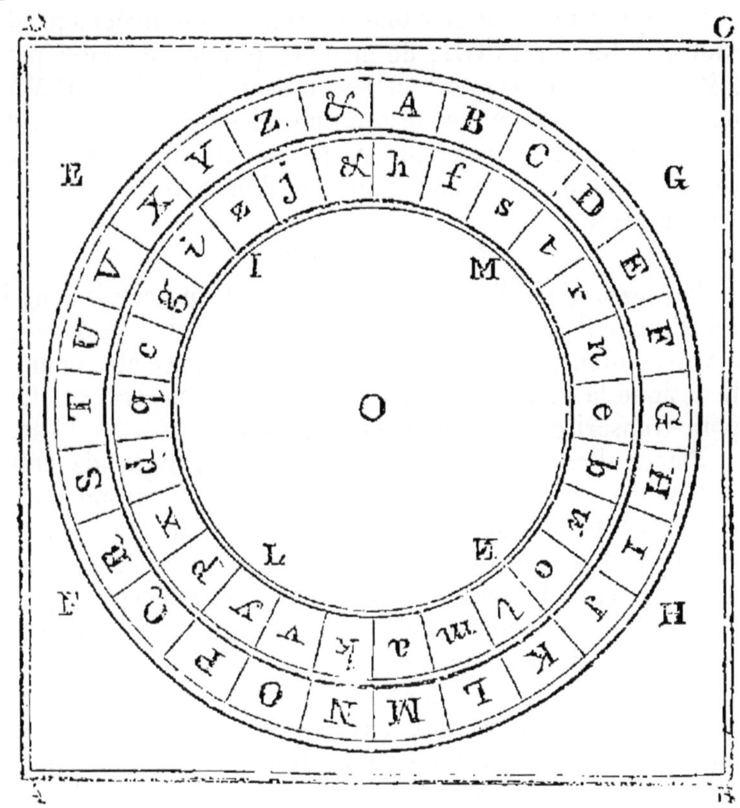

*Musique parlante ou écriture en chiffres qui paraît être
une pièce de musique.*

Cette manière d'écrire en chiffres, est basée sur le même
principe que le cadran mystérieux.

Découpez dans un carré de carton ABCD le cadran EFGH
qui est divisé en 26 parties égales entre elles et dans chacune desquelles vous transcrivez les lettres de l'alphabet.
Ayez un autre cadran I L M N mobile sur le centre O du premier et avec lequel il est concentrique. Divisez en le même
nombre de parties égales, mais réglez circulairement ces
parties comme un papier de musique. Marquez dans chacune
de ces vingt-six divisions des notes de musiques, différentes
les unes des autres quant à leur valeur et à leur position.

Tracez aussi dans l'intérieur du cadran, les trois clefs de la musique, et autour des divisions du cadran les différents chiffres dont on est d'usage de se servir pour en exprimer le mouvement.

Lorsque vous aurez fixé une de vos divisions quelconque du cadran extérieur EFGH, de manière qu'elle se trouve parfaitement vis-à-vis une de celles du cadran intérieur, ILMN, où sont placées les notes de musique, chacune des lettres de ce premier cadran répondra parfaitement à une note différente et une des trois clefs à un des différents mouvements de la musique.

Usage de ce cadran.

Prenez une feuille de papier réglé, tel que celui dont il est d'usage de se servir pour noter la musique, et disposez à votre volonté les deux cadrans qu'on suppose être comme le désigne la première figure, et vous vous en servirez alors pour transcrire votre lettre en cette sorte.

Placez d'abord en tête de la première ligne de cette lettre en musique, celle des trois clefs qui correspond aux mouvements indiqués, telle qu'ici la clef de gérésol, qui correspond au mouvement 3/4, afin que cette première indication serve de règle à celui auquel vous écrirez, pour disposer de la même façon, et avant de déchiffrer votre lettre, le cadran semblable qu'il a par devers lui. Vous noterez ensuite sur ce papier réglé toutes les notes qui, sur le cadran, répondent aux lettres dont sont composés les mots du discours que vous voulez transcrire, comme il est aisé de voir par la seconde figure, où l'on a mis au-dessous de chaque note la lettre qui y a rapport, conformément à la disposition supposée donnée au cadran (voy. fig. 1re). Cette lettre étant entièrement transcrite suivant cette méthode, sera en état d'être envoyée à la personne pour laquelle elle est destinée, qui connaîtra par la clef de musique qui sera en tête de la première ligne, et par le chiffre qui en désignera le mouvement, quelle est la disposition qu'elle doit donner au cadran semblable qu'elle a par devers elle, pour parvenir à déchiffrer et lire cette lettre, ce qu'elle fera très aisément, en substituant en place de chaque note qui s'y trouvera désignée, la voyelle ou consonne qui y répond.

Cette écriture en chiffres peut se déchiffrer sans clef par

la même méthode que celle que nous avons enseignée pour
le cadran mystérieux ; mais on peut la rendre beaucoup
plus difficile, en changeant de clef à plusieurs reprises.[*]
Elle est aussi plus cachée que celle-là, surtout si on a l'attention de partager par mesures cette musique parlante,
comme on a fait à la figure deuxième. On peut aussi indiquer les premières lettres des mots, en y ajoutant un dièze
ou un bémol qui serve à les faire distinguer. Cette précaution facilitera beaucoup celui auquel on écrit, et contri-
buera à donner à cette sorte de lettre une apparence de
musique réelle.

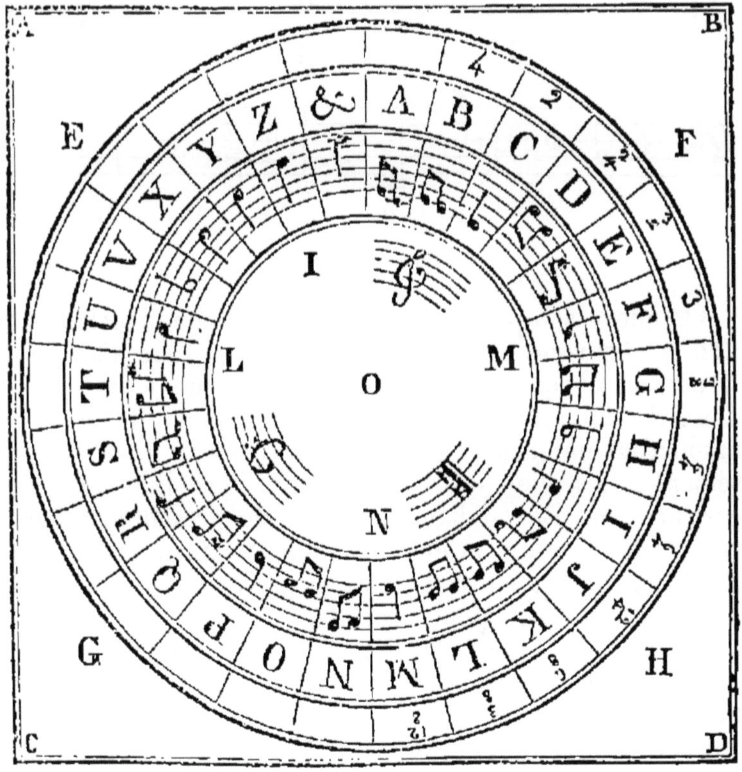

LIGNES COUPÉES.

On ploye son papier comme les plis d'une manchette, et l'on écrit sur ces plis, de manière que lorsque l'on ouvre le papier, chaque ligne se trouve exactement partagée en deux. En faisant ensuite dans le blanc d'intervalle des figures hiéroglyphiques et bizarres qui viennent aboutir précisément à la section de chaque lettre, il semble voir une écriture chinoise ou hébraïque qui ne présente ni forme régulière, ni sens, ni idée, et l'on ne vient à bout de lire cette écriture qu'en remettant le papier dans les mêmes plis que l'on a faits pour écrire.

Au lieu de couper la ligne en deux, on pourrait de même la partager en trois en alongeant le corps de l'écriture.

Ce moyen ne serait pas très difficile à découvrir; le hasard seul pourrait dévoiler le secret et faire reconnaître les plis employés pour écrire.

FIN.

TABLE DES MATIÈRES.

Tour. Imp. de Bréton.